和美小镇伴成长

——“和美文化”理念下的园本课程实践活动

徐雪艳◎著

线装书局

图书在版编目（CIP）数据

和美小镇伴成长:“和美文化”理念下的园本课程实践活动/徐雪艳著.--北京:线装书局,2023.5

ISBN 978-7-5120-5466-0

Ⅰ.①和… Ⅱ.①徐… Ⅲ.①幼儿园－课程－教学研究 Ⅳ.①G612

中国国家版本馆 CIP 数据核字(2023)第 088284 号

和美小镇伴成长：“和美文化”理念下的园本课程实践活动

HEMEIXIAOZHEN BANCHENGZHANG:"HEMEIWENHUA" LINIANXIA DE YUANBEN KECHENG SHIJIAN HUODONG

作　　者：徐雪艳

责任编辑：林　菲

出版发行：线装書局

地　址：北京市丰台区方庄日月天地大厦 B 座 17 层（100078）

电　话：010-58077126（发行部）010-58076938（总编室）

网　址：www.zgxzsj.com

经　　销：新华书店

印　　制：北京四海锦诚印刷技术有限公司

开　　本：787mm×1092mm　1/16

印　　张：15

字　　数：292 千字

版　　次：2024年 4月第 1 版第 1 次印刷

定　　价：88.00 元

线装书局官方微信

前 言

北京市通州区教工幼儿园始建于1976年，位于通州区美丽的大运河畔，至今已走过45年的发展历程。教工幼儿园总占地面积3662平方米，建筑面积3601平方米，收托幼儿400多名，教职员工72人。其中，专任教师100%达到大专以上学历。幼儿园艺术特色比较突出，2007年开始确立了“自主创意剪纸促进幼儿个性发展的探究与实践”的特色课程实践研究，研究成果已被编入第5辑“北京市园本课程理论与实践探索”丛书。

在发展过程中，幼儿园始终坚持“一切为了孩子的发展——塑造品行、启迪智慧、和谐发展、奠基人生”的办园宗旨。2015年，结合幼儿园的情况，初步提出了“和美文化”理念，践行“多元和合，开放悦美”的课程理念，致力于“培养和雅至美的幸福儿童”，倡导传承中国传统文化中的精髓，以美激情，以美引趣，以美求真，以美育人。2016年以来，在专家的指导下，幼儿园又先后几次对“和美文化”进行梳理和挖掘，通过“和美小镇”园本课程来实现“和美文化”的落地。

今天，老师们的实践结晶就要与大家见面了，它是几年来我们对“和美文化”的思考与实践。由于老师们水平有限，一定还有许多需要改进的地方，恳请各位同仁给予批评指正，谢谢！

教工幼儿园园长

徐雪艳

目录 / Content

1 定格我们的课程旋律——小镇课程背景分析 /1

2 烹饪自己的课程味道——小镇课程建设初探 /3

3 描绘我们的课程蓝图——小镇育人模式探索 /6

4 编织我们的课程梦想——小镇课程体系建设 /9

5 展望我们的课程未来——园所课程发展规划 /17

6 课程实践案例 /18

1 定格我们的课程旋律

——小镇课程背景分析

课程的建设必须建立在一定的社会环境与自身发展需求之上。我园和美小镇课程的发展与成熟，是对时代发展需求的回应，是对园所发展需求的适应，更是对“和美教育”下园所内涵建设的进一步挖掘。

（一）回应时代发展需求

新时代下，教育事业需要在党的坚强领导下全面贯彻党的教育方针，遵循教育规律，坚持改革创新，培养德智体美劳全面发展的社会主义建设者和接班人。幼儿教育是人的启蒙教育，对人的未来发展起着重要作用。特别是面对日新月异、高智能化的社会，未来人才更加需要创新的思维能力、融通的社交能力、扎实的动手实践能力、高度的审美能力等。幼儿教育要与社会发展同向、同频，在育人观念、育人方式方面进行变革，深化落实立德树人的根本任务。

（二）适应园所发展需求

作为通州区一所一级一类幼儿园，教工幼儿园具有成熟、稳定且锐意进取、寻求变革的特点，使园所保持了充盈的发展活力。站在“十四五”的开局之年，我园紧跟时代步伐、坚定党的领导，在未来的发展中须在原有教育积淀、发展特色与优势的基础上，深化教育改革，克服教育难点，打造高质量、高品位的育人系统，为立德树人根本任务的实现做出新的探索与实践。

（三）深化和美育人体系（小镇课程背景）

和美小镇的建设经历了一个从无到有的过程。2015 年我园提出了“和美教育”理念，并形成了以“和美”为核心的办园文化。在“和美教育”理念的引领下，我园的管理、课程、公共关系、环境等方面的工作得到激活与统一，在实践中形成了和美教育五大关系：

幼幼：乐群、友爱、共好；

师幼：尊重、关爱、共生；

师师：协作、包容、共进；

家园：理解、信任、共育；

社园：合作、开放、共赢。

在此基础上，为了使“和美教育”理念进一步深化落实，提高育人效果，我园开始了对小镇课程的探索与实践，以期通过课程的杠杆撬动理念的落地，在课程的创新与变革中，促进育人目标的达成，推动“和美教育”走向深化。

2 烹饪自己的课程味道

——小镇课程建设初探

通过分析幼儿发展与课程发展现状，多维推进小镇建设，科学分析小镇课程现状，我们完成了对小镇课程的初步探索。为下一步的课程建设奠定了深厚的理论基础与实践基础。

（一）分析：幼儿发展及课程现状

1. 幼儿发展现状

幼儿阶段，孩子从与父母的单向链接走向与学校、社会的多元链接，在身体、认知、情绪及社会方面发生重大转变，是孩子探索世界的关键一步。我园的孩子多为独生子女，以老人看护为主，加上网络时代对家庭生活方式的影响，造成幼儿社会交往面比较窄，这意味着幼儿的社会性教育在家庭是一个薄弱环节。我们利用海马测评得出孩子的发展现状，从结果我们发现幼儿在社会性，尤其是对周围事物感知和社会伦理方面有待加强，需要更好的教育和引导。

2. 课程发展现状

在课程建设上，我们已经基本梳理出80%的基础课程和20%的特色课程，形成了“一核两翼”的课程架构。“一核”即以教育目标为核心，“两翼”分别指我园的基础课程（包括生活活动、游戏、学习、运动等，占课时总量的80%）、特色课程（自主、开放的社会实践活动，包括依托节日开展的社会实践主题活动、追随幼儿生成的社会实践活动、微社会实践活动等，占课时总量20%），其中节日与开放性实践课程，开放式区域活动、指北针活动等已相对成熟。在日常教学和主题活动中我们尽量为孩子提供开放、实践的机会，但是这仍不能满足孩子的成长需要，因为即使是开放活动，也总是一部分幼儿参与其中，更多的时间、更多的孩子还是没有得到充分的发展，在有限的环境里做着有限的事情，在一定程度上限制了全园孩子的发展。

（二）定向：小镇课程的多维推进

1. 确立小镇课程依据

小镇课程基础，以国家教育政策为起点。我园和美小镇课程建设遵循国家教育政策，各类主题活动的创设，在贯彻《3—6岁儿童学习与发展指南》（以下简称《指南》）、中国学生发展核心素养、《幼儿园教育指导纲要（试行）》等的基础上，做出了自己的个性与特色。

小镇课程形态，借鉴陶行知教育思想。我园和美小镇课程践行陶行知先生“生活即教育、社会即学校”的教育思想，更以此作为小镇建设的依据。教育不能脱离生活而存在，“过什么样的生活，便是什么样的教育”，因此小镇为儿童提供了一个真实的社会生活环境，使教育与生活紧密结合，践行“活”的教育。

小镇课程理念，沿承我园“和美教育”理念。我国博大精深的文化体系中以“和”为“美”的思想早已成为烙印在灵魂深处的审美基因；以“和”育“美”，更是一种美好的教育境界。我园充分落实“和美教育”理念，为了使小镇课程实践走向深刻，综合运用多元途径和方法，促进儿童在集体中成长、发展，学会尊重、欣赏他人和自己，成为具有“和美”特质的儿童。

小镇课程实施，借鉴先进的教育理论。先进的教育理论为小镇课程的建设提供了充足的养料。多元智能理论启发我们在关注孩子全面发展的基础上，更加注重孩子个性的发展。具身认知理论告诉我们认知是被身体及其活动方式塑造出来的，小镇课程要加强活动的设计与创新。近年来源起于欧洲的多渠道聆听儿童的“马赛克方法”，引导我园小镇课程要以“聆听”的姿态求解于儿童的表达，而不是以“俯视”的姿态来洞悉儿童的世界。

2. 立体式实践推进策略

在小镇课程建设中，我们从多方面入手进行系统研究，形成了小镇中独特的育人方式与内容，实现了教师与幼儿的双重转变。

多种方式教研，打开教师思路。尝试情境教研，将教师转化为“开发商”，组织者转化为小镇规划办主任，鼓励大家大胆设想，调动教师的生活经验，丰富小镇的建设项目。当所有区域规划完毕后，班级通过竞拍获得不同区域的“经营权”。

学会退后，听听孩子的意见。孩子们是小镇的主人，小镇的建设需要充分尊重孩子的声音与需求。于是我们俯下身来，倾听孩子的意见，组织小朋友为建设步行街进行调查、设计与投票，并帮助孩子们实现自己的设想。

融合常态事务与小镇课程。一方面，将常态事物作为小镇课程开发的资源，如小镇邮局的开设就是我园教师根据生活中收发快递这件事，借助孩子的小柜子、班级门牌编码等条件实现的课程转化。另一方面，将园所的各类活动与小镇角色对接，如在接待来自国内外参观考察团时，我们会推出自己的小镇导游，负责接待与讲解工作。

玩具材料的灵活运用。一方面将玩具材料分类与整合，对幼儿园现有的玩具进行新的功能定位与分类整合，如将推车与搭建材料结合开设搭建体验屋，部分车辆被改造为邮局车、警车，剩余的我们开设了一个租车行。另一方面为搬迁，通过合理布置幼儿园操场的车、轮胎、积木、船头等物品，为孩子们创设丰富的活动场景，找到最好的解决方案。

畅游日运行安排。在真实的运行中，为了充分利用 12 个活动区域，同时保证最少 100 个孩子的自主活动，我们经过认真研究，最终确定了三个年龄组分层落实的策略，以“六一”畅游日为例，大班以自由行为主，中班是自助行，小班是跟团行，取得了良好的试运行效果。

常规与公约的建立。一方面，建立初步常规管理，将小镇活动细化到每一周分别为小镇招聘周、小镇打工周、畅游准备周、畅游开放周。另一方面，师幼教研制定小镇公约，通过讨论公约内容，形成包含安全、环境、服务、自我管理、交往等不同方面的 30 多条公约，同时面向家长发起公约征集活动，最终形成我们共同的小镇公约。

（三）评估：小镇课程发展现状

经过系统的推进，小镇形态及课程基本定型。就我园小镇课程来说，目前课程已经形成了较为丰富的内容，且课程形式新颖，育人效果显著，颇受家长与师生的喜爱。但这与我们理想中的状态仍有差距，主要问题在于课程分散、零碎、不成体系。多种多样的活动、主题就像一颗颗散落在各个角落的珍珠，需要一条主线将它们串联起来。这就需要进一步加强课程整体的总结、梳理和提炼，使之形成一个向上具有理论高度、向下具有实践深度的立体育人系统。带着这样的目的，我们开始了对和美小镇课程体系的整体构建。

3 描绘我们的课程蓝图
——小镇育人模式探索

小镇课程在师生的共同努力下日趋完善。在业已形成的规模与内容上，我们进一步明确课程建设的目标与原则，梳理课程的育人模式，总结课程的现有成果，为进一步的课程体系构建树立起新的风向标。

（一）确立：课程建设目标

1. 促进和美小镇课程的逻辑化、体系化、生态化发展

通过课程构建，厘清小镇课程与育人目标间的关系，以及课程自身目标、内容、实施、评价等各要素之间的逻辑关系，使之形成一个结构完整、逻辑自治、自成体系的“育人场”。同时，打造小镇课程生态圈，整合家、园、社区各方资源，将自然环境、社会生活环境和儿童的自我环境有机融入课程当中，为儿童提供一个生动的成长环境。

2. 落实“培养和雅至美的幸福儿童”的育人目标

课程建设的最终目的是为了育人，因此如何使小镇课程成为落实育人目标的有效路径，是我们在课程建设过程中必须思考并解决的问题。我园以“培养和雅至美的幸福儿童”为育人目标，“和雅”奠定了“幸福”的基础，是每个孩子都应具备的素质；“至美”成就了“幸福”的特质，因为只有找到自己最美好、最舒展的状态，才能发掘出“幸福”的源泉，成为最好的自己。我们希望通过小镇课程的构建，进一步深化育人目标的落地，使小镇课程成为育人目标落地的有效载体。

3. 引擎“和美教育”的育人系统建设

如果说整个幼儿园是一个大的育人系统，那么和美小镇便是这个大系统之下的一个子系统。通过对小镇课程的梳理与构建，我们力求合理定位小镇课程在整个园所育人体系中的位置与功能，一方面使小镇课程走向规范化与系统化，另一方面丰盈我园“和美教育”育人系统，推动幼儿园整体育人系统的建设及品质提升。

（二）明晰：课程建设原则

1. 生成性

生成性是一种重过程而非结果、重差异而非统一、重创造而非预设的课程思维方式，其核心在于“创造”。我园小镇课程的发展与建设，以生成性为原则。教师根据对幼儿的观察和评估结果，灵活生成课程的主题和内容，创设课程的环境与环节，真正做到“追随儿童的脚步”，激活儿童的发展潜能，促进儿童健康快乐地成长。

2. 实践性

根据具身认知理论（活动方式、感觉和运动体验决定了我们怎样认识和看待世界，认知是被身体及其活动方式塑造出来的）的运用，实践性成为我园在小镇课程建设中遵循的另一个重要原则。为了使课程贴合儿童的特征，促进儿童的认知发展，我们的课程以多样化的活动为载体，在丰富的实践中引领孩子全身心体验和感知，增强孩子的动手实践能力，启迪孩子的创新思维。

（三）梳理：课程育人逻辑

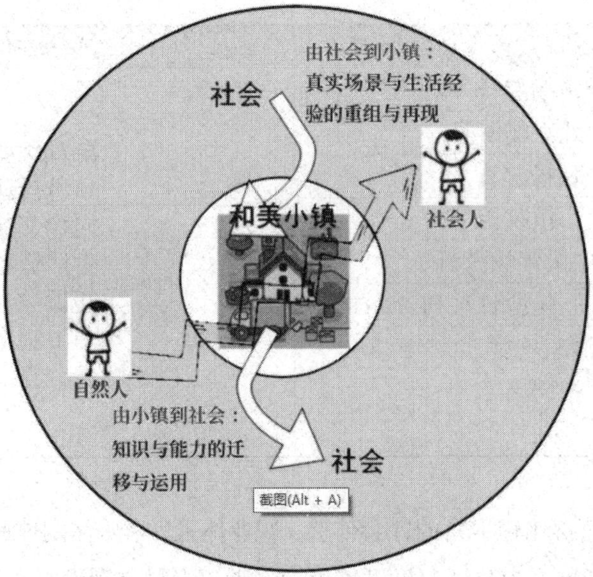

【小镇课程育人逻辑】

儿童的发展是一个由自然人向社会人的转变过程，“和美小镇课程”便是实现这种转变的“中转站”。儿童走进这座小镇，如同走进一个小社会，在真实场景与生活经验的参与、互动与体验中，逐步认识自己、发展自己；儿童由小镇走向社会，则是对知识与能力的迁移运用，促进儿童在更广阔的环境中实现更高阶的发展。

因此，我园小镇课程有效连通了人与社会，将幼儿园、儿童发展与真实的社会环境有机统一到和美小镇当中，通过课程的开发与实施，促成儿童由一个懵懂的“自然人”向和美的“社会人”的转变。

（四）综合：小镇课程内容

目前，我园小镇课程已经具备相当的规模，无论是课程内容还是课程实施，都积累了大量的实践经验，为我们课程体系的构建奠定了扎实的基础。

就硬件建设而言，目前小镇已经具有相当规模。和和、美美两个可爱的娃娃是小镇的吉祥物。园内设有不同的指示牌，上面写着银行、邮局、服务站、警务站、租车行、步行街、体验屋、创意吧、快乐驿站、冒险岛、公交站、汽车美容等指示标志，用以给予孩子们视觉提示。这些区域分布在幼儿园户外不同的地方，与室内区域不同，它是整合户外区域为幼儿创设的真实的社会场景，将游戏与幼儿生活与学习直接联系、整合，为幼儿提供真实的实践材料。

就具体内容而言，我园小镇课程以主题活动为载体，容纳了角色实践、社会交往、混龄活动、自主活动等，每个主题之下都包含了丰富的课程设计，如下图。

课程主题	活动领域
小镇畅游日	游戏玩耍 角色扮演 同伴交往 生活劳动 知识学习 手工制作 舞台表演
最美北京畅游日	
中秋畅游日	
和美小镇跳蚤节	
最美中国年畅游日	
“六一”畅游日系列	
清凉一夏	
招聘周	
……	

孩子们从中会获得比较丰富的社会体验、职业体验、享乐休闲体验、交往自主体验等。这些课程的运行与开展，为孩子们提供了生动的学习素材，创设了有趣的学习环境，使孩子们在丰富、真实的实践和体验中获得发展，产生了良好的育人效果。对课程内容的科学梳理与构建，将推动我园小镇课程走上新的发展高度。

4 编织我们的课程梦想
——小镇课程体系建设

我园小镇课程体系的构建以育人目标为核心，通过重新梳理课程与培养目标间的联系，架构清晰的课程内容，促进课程的持续深化发展，满足幼儿的发展需求，促进幼儿核心素养的形成，成为育人目标落地的有效载体。

（一）小镇课程目标

以社会性发展为核心，带动幼儿语言与思维、人文与审美、道德与品质、实践与创新等素养的发展。

1. 内涵阐释

以社会性发展为核心。小镇课程无论从环境、内容还是形式而言都具有鲜明的“社会”特征，社会性发展是小镇课程赋予儿童最直接的影响。通过混龄活动、社交活动、展示活动等，儿童全方位参与到与他人的合作与交往当中，促进其在自我认知、情绪情感、理解共情、社会适应等方面的发展。

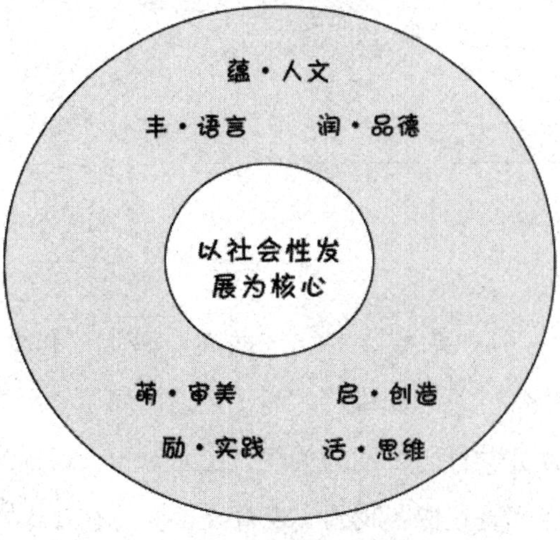

【和美小镇课程目标图示】

带动核心素养形成。在社会性发展的带领下，实现儿童语言的丰富、人文的积淀、品德的浸润、审美的启蒙、实践的激励、思维的锻炼与创造的启蒙，使儿童获得在核心素养（文化基础、自主发展、社会参与）上的全面培养，成为一个有底蕴、有能力、有道德并全面发展的儿童。

2. 关系阐释

我园以“培养和雅至美的幸福儿童”为育人目标，在我们的理念中，一个“幸福”的儿童是具有“和”“美”特质的儿童，既有和谐完整的人格，又有独立美好的灵魂，这就是“培养和雅至美的幸福儿童”的要旨所在。其中“和雅”奠定了“幸福”的基础，是在成为一个幸福儿童的过程中每个孩子都应具备的素质；“至美”成就了“幸福”的天分，只有在共性的基础上找到自己最美好、最舒展的状态，才能发掘“幸福”的源泉，成为最好的自己。

从人的自然属性与社会属性，及二者之间的过渡出发，我们将“和雅”细化为和悦身心、文雅底蕴两个部分；遵循从内而外的顺序，将“至美”细化为童心向美、各美其美两个部分。并对每个部分进行了三级目标的细化，形成了我园育人目标的完整体系。和美小镇课程目标与育人目标之间具有内在的逻辑联系，如下图：

育人目标	一级目标	二级目标	三级目标	关系
培养和雅至美的幸福儿童	和雅	和悦身心	和悦身体	奠定“幸福”之基础（共性）
			和畅心灵	
			和顺适应	
		文雅底蕴	立雅行	
			修雅习	
			养雅德	
	至美	童心向美	发现美	成就“幸福”之天分（个性）
			创造美	
			分享美	
		各美其美	扬美个性	
			溢美潜能	
			丰美体验	

【育人目标细化分解图示】

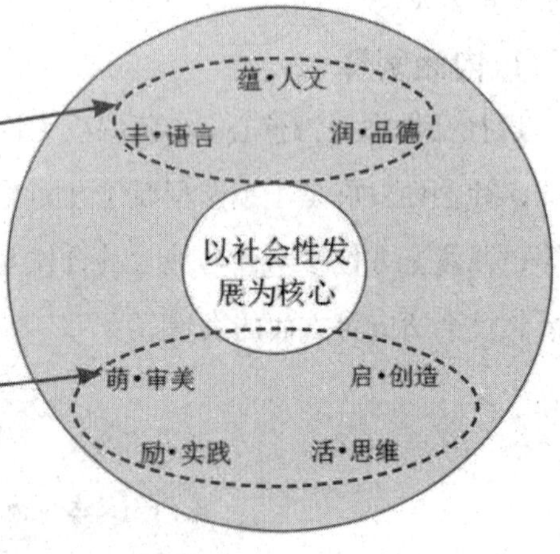

【和美小镇课程目标图示】

其中“蕴·人文”“丰·语言”“润·品德”属于“和雅”目标下的细化内容，“萌·审美”“励·实践”“活·思维”“启·创造”属于“至美”目标下的细化内容。二者共同构成了我们对幼儿共性与个性的关注，也是对育人目标的延展与深化。在课程目标的引领下，和美小镇课程真正成了我园实现育人目标的有效载体。

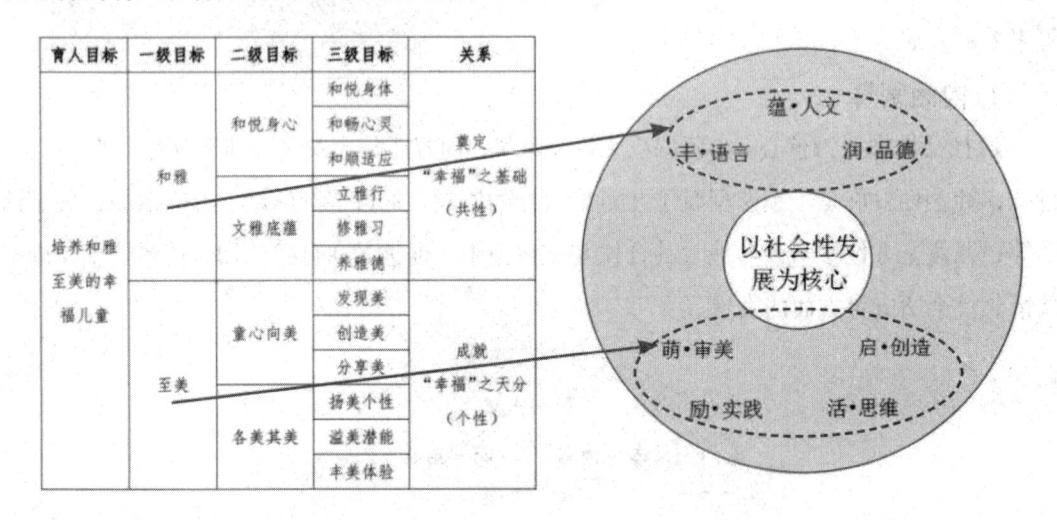

（二）小镇课程结构

在课程目标的引领下，我园系统梳理小镇课程内容，形成了包含三个层次的小镇课程结构。

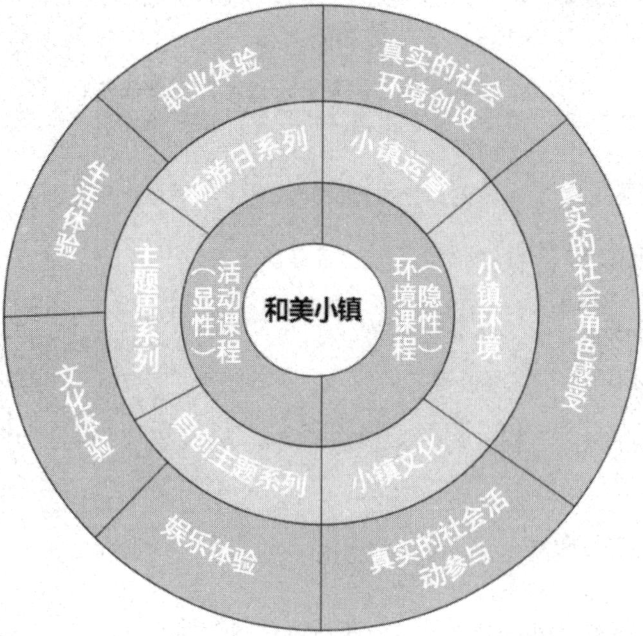

【和美小镇课程结构图】

第一层，动静结合的课程形态

我园小镇课程从形态上分为活动课程（显性）、环境课程（隐性）两类。活动课程以不同主题活动的动态形态呈现，环境课程以物质或文化的静态形式呈现，动静结合，立体营造我园和美小镇的育人生态。

第二层，多元丰富的课程内容

就具体内容而言，活动课程包含畅游日系列、主题周系列、自创主题系列三个部分；环境课程则包含小镇运营、小镇环境、小镇文化三个部分。它们是在我园师生的精心设计下形成的内容要素，支撑起我园和美小镇的健康运行。

第三层，真实而综合的课程育人价值

就课程价值来说，我园活动类课程的创设为儿童带来了综合的职业体验、生活体验、文化体验和娱乐体验；环境课程的创设为儿童创设了真实的社会环境、带来了真实的社会角色感受和真实的社会活动参与。在两类课程的共同作用下，课程的育人价值得到最大限度的发挥。

（三）小镇课程设置

根据课程结构，可将和美小镇的课程内容进行新一轮的梳理和设置。

和美小镇课程内容设置			
课程类型	课程门类		课程价值
活动课程（显性）	畅游日系列	小镇畅游日、最美北京畅游日、中秋畅游日、最美中国年畅游日、“六一”畅游日系列……	职业体验 生活体验 文化体验 娱乐体验
	周主题系列	招聘周、打工周、开放周、收拾整理周	
	自创主题系列	清凉/快乐一夏、小镇跳蚤节……	
环境课程（隐性）	小镇运营	创设小镇行政部门、完善管理制度	真实的社会环境创设 真实的社会角色感受 真实的社会活动参与
	小镇环境	完善小镇基础设施、小镇维护	
	小镇文化	赋予个人公民身份、建设小镇公约	

（四）小镇课程实施

小镇课程的实施主要包含课程开发、课程运行两个部分。

在课程开发方面，我园小镇课程主要根据幼儿的发展需要进行课程开发，具有较强的生成性，虽无固定课表，但却能及时捕捉儿童在成长过程中的问题与需求，灵活进行课程的开设。

在课程运行方面，我园小镇课程坚持月循环、年循环的结合，以“四周一畅游”为节奏，统一在小镇管理委员会的带领下推进课程实施，保障课程在育人过程中持续发挥作用。

课程实施节奏	内涵	课程内容
月循环	四周组成一个完整的月循环，使小镇课程的实施具有稳定性和规律性	招聘周、打工周、开放周、收拾整理周
年循环	依托于传统节日开展，使小镇课程具有文化性与厚重感	最美北京畅游日、中秋畅游日、最美中国年畅游日、“六一畅游日……
随机开放	教师根据实际需求开展的课程，使课程具有创新性与及时性	小镇畅游日、清凉/快乐一夏、小镇跳蚤节……

例：中秋畅游日活动方案

为了更好地落实《指南》精神，构建幼儿园园本课程，同时结合幼儿园和美小镇主题畅游日活动，开展“中秋畅游日”活动，意在提高幼儿与同伴合作，交流、分享的能力，感受微社会实践活动的快乐。具体活动安排如下：

一、活动目标

1. 能够利用多种途径，感受中秋节的节日氛围。

2. 愿意参与和美小镇畅游日活动，感受微社会实践活动的快乐。

3. 在活动中愿意与同伴合作、交流、分享关于中秋节的感受。

二、活动时间、地点

1. 时间：2018 年 9 月 27 日上午 9：00—10：00

2. 地点：幼儿园和美小镇

三、参加人员

小班、中班、大班全体幼儿

四、活动具体安排

阶段	时间	场馆	内容	负责人	备注
准备阶段	8：20—9：00	各场馆进行准备工作	玩具材料、服装、环境等	各商铺负责人	听到《和美阳光》音乐后中、大班开始活动
实施阶段	9：00—9：40	小舞台	广场舞、京戏、非洲鼓、模特秀	中一班	
		创意吧	挂灯笼	中二班	
		花店	插花	中二班	
		快乐驿站	天文馆	中三班	
		搭建体验屋	堆宝塔	中三班	
		照相馆	汉服系列照	大三班	
		超市	自制中秋艺术品	大班组	
			中秋美食	中班组	
		和美讲堂	中秋讲堂	大班组	

续表

阶段	时间	场馆	内容	负责人	备注
实施阶段	9:00—9:40	水吧	中秋饮品	小四班	
				小五班	
		放映厅	月亮的故事（科学片）	徐迪	
		邮局	中秋祝福	中一班	
		银行	正常存储业务	大班组	
		租车行	正常业务（重点可以体验拉黄包车）	中四班	
		游戏区	攀爬、投壶	小三班	
		冒险岛	正常游戏	小二班	
		导游	承接小班组旅游团	大班组	
		服务中心	正常业务	大班组	
结束阶段	9:40—10:00	各商铺	完成收拾与整理	各商铺	听到《金色童年》音乐到操场集合
		洗衣店	去各个商铺取准备清洗的衣物	小一班	
		中秋舞蹈	中秋音乐	各班班长（刘莹负责音乐串联）	
		离场	各班有序带回	各班班长	

提示：

1. 各商铺要有一定的安全提示，各班老师要与幼儿梳理可以吃东西的场所，不可以边走边吃。

2. 注意活动结束后与幼儿进行活动的梳理和小结。

3. 小班幼儿 9:10 随导游陆续活动。

（五）小镇课程评价

在评价领域，我们加强对小镇课程评价的研究，探索有效的评价方式，规范评价的落实。为了更好地发挥评价的激励与导向作用，我们依据小镇课程目标，融合孩子们独立创作的“教工十三宝”手工制品，研发了“小镇公民评价指标”，并运用此指标在每学期末对孩子们进行综合评价，对于五星达标的孩子，我们会奖励给孩子特殊的荣誉勋章，鼓励孩子的进步，促进孩子们朝着和美的方向发展。

和美小镇公民评价指标

一级指标	二级指标	三级指标	指标内涵	达标程度	荣誉勋章
和雅之人	语言	快乐交往	1. 活泼开朗，乐于表达自我 2. 乐于与同伴、老师交流分享	★★★★★	 （福宝）
		流畅表达	1. 语言文明，清晰而有条理 2. 具有书面表达的愿望	★★★★★	
	底蕴	见多识广	1. 乐于求知，喜爱阅读 2. 涉猎广泛，知识丰富	★★★★★	 （聪宝）
		弘扬传统	1. 对传统文化具有浓厚兴趣 2. 能够积极参与到文化传承活动中	★★★★★	 （吉宝）
	品德	勇敢担当	1. 不怕困难，有一定的抗挫折能力 2. 具有责任意识，勇于承担责任	★★★★★	 （炫宝）
		诚实善良	1. 不说谎、不欺瞒，敢于说真话 2. 乐于助人，与同伴友好相处	★★★★★	 （酷宝）
		乐观自信	1. 情绪良好，积极参与各类活动 2. 对自己有信心，保持快乐的心态	★★★★★	 （米宝）
至美之人	审美	多才多艺	1. 喜欢参与艺术表演 2. 至少具备一种才艺技能	★★★★★	 （美宝）

续表

一级指标	二级指标	三级指标	指标内涵	达标程度	荣誉勋章
至美之人	审美	个性表达	1. 保持童心，个性鲜明，健康成长 2. 善于通过艺术的语言表达自我	★★★★★	 （暖宝）
	实践	互帮互助	1. 融入集体，有集体荣誉感 2. 善于合作，相信集体的力量	★★★★★	 （圆宝）
		敢于尝试	1. 充满好奇心，喜欢探索未知事物 2. 具有上进心和毅力，敢于接受挑战	★★★★★	 （国宝）
	思维	想象丰富	1. 奇思妙想，想象力丰富 2. 思维活跃，认知能力强	★★★★★	 （运宝）
		善于发现	1. 善于观察事物，养成认真的习惯 2. 能够积极思考，探寻答案	★★★★★	 （多宝）
	创造	积极实践	1. 能进行简单的整理、清洁等日常劳动 2. 能有效进行简单的手工制作	★★★★★	 （百宝）
		快乐创新	1. 灵活运用所学知识 2. 具备创新意识，在创新中体会快乐	★★★★★	

5 展望我们的课程未来

——园所课程发展规划

为了实现对我园课程的有效管理，我们由近及远，从小镇课程的未来、园所课程的未来、和美小镇的未来三个方面出发，进行了课程的整体规划，加强园所的课程领导力。

（一）和美小镇课程的未来建设

针对和美小镇课程，进一步通过课程开发与实施，充实其内容与经验，放大其微社会特色，使之在落实“和美教育”和“培养和雅至美的幸福儿童”上发挥更大作用，成为我园的标志性课程，引领我园其他领域，如教科研、环境建设、教师队伍建设等方面的深化发展。

（二）园所整体课程的未来建设

对于我园整体的课程建设来说，要继续完善“一核两翼”的课程体系，在基础课程上加强对五大领域的整合研究，强化育人目标统领下基础课程的建设与改革，提升课程的育人效果；在特色课程上，进一步梳理其他领域课程的逻辑与内容，增强课程的规范化、常态化的落实，使之与基础课程有效配合，相互补充，打造我园扎实的和美育人生态体系。

（三）推进和美小镇由园所特色走向整体主导

将整个幼儿园建设成为一座和美小镇，是我园全体师生的共同愿景。在未来的发展之路上，我们将在小镇课程逐渐走向成熟的基础上，有意识地进行课程引领，将其内容、理念、特色渗透到办园过程的其他领域，使之由园所的特色课程发展成为统领整个幼儿园整体的“大概念”，即将通州教工幼儿园打造成为一座真正意义上的“和美小镇”，一方面落实我园的和美文化，另一方面创新幼儿园的运营模式，成为园所在幼儿教育领域进行深度改革和创新的重要尝试。

6 课程实践案例

和美小镇环保小卫士实践案例

一、小镇各商铺架构

（一）商铺名称

环保小卫士

（二）经营内容

1. 能够将垃圾分类投放到指定垃圾桶。
2. 在套圈游戏中学习垃圾分类。
3. 能够通过签名“环保小卫士”向更多人宣传垃圾分类。

（三）目标

1. 培养幼儿热爱自然、珍惜自然资源、关心和保护环境的意识。
2. 能够将垃圾分类投放到指定垃圾桶。
3. 愿意参加活动，在活动中能够大胆和他人交流，感受活动的快乐。

（四）材料准备

1. 场地要求

2. 所需材料

角色材料	宣传员	垃圾分类标识
	引导员	指示牌
	收银员	和美币，笔，记录纸
操作材料（多指顾客操作）	垃圾分类玩教具	四色垃圾桶、各种物品卡片
	套圈	圈若干、垃圾物品卡片
	环保小卫士签名墙	彩笔、宣传板

（五）商铺职位（基础配置）

岗位	人数	适合年龄	工作内容	和美币
宣传员	2	4 ~ 6 岁	通过宣传帮助顾客了解垃圾分类知识及引导顾客热爱自然、珍惜自然资源、有保护环境的意识。	2
引导员	2	3 ~ 6 岁	了解垃圾分类知识能够判断顾客是否投入了对的垃圾桶，引导顾客按照规则进行套圈游戏	2
收银员	1	4 ~ 6 岁	根据顾客体验项目收取费用	2

商铺人员关系图：

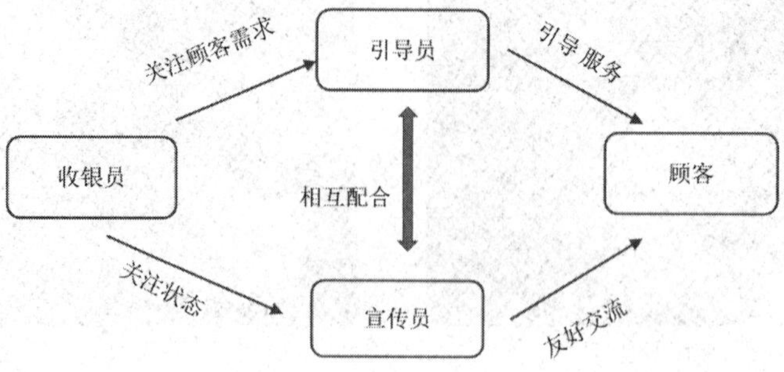

顾客体验流程图：

听宣传，了解垃圾分类知识及保护大自然的重要性，并了解商铺内容。

↓

根据板报提示，选择项目，付钱（收银处）。

↓

引导员带领顾客体验游戏，最后共同签字（引导员处）。

（北京市通州区教工幼儿园　李恬）

二、小镇活动组织

招聘周：

和美环保小卫士招聘方案

为了更好地落实《指南》精神，构建幼儿园园本课程，响应国家号召，在活动小镇开业季，我们将大力宣传垃圾分类，争做环保小达人。培养幼儿热爱自然、保护环境的意识。在游玩小镇活动中，遵守小镇公约，感受社会实践活动的快乐，具体活动安排如下：

活动目标：

1. 培养幼儿热爱自然、珍惜自然资源、关心和保护环境的意识。

2. 能够将垃圾分类投放到指定垃圾桶。

3. 愿意参加活动，在活动中能够大胆和他人交流，感受活动的快乐。

岗位	人数	适合年龄	工作内容	和美币
宣传员	1	4 ~ 6岁	通过宣传帮助顾客了解垃圾分类知识及引导顾客热爱自然、珍惜自然资源、有保护环境的意识，并能带领小班幼儿进行工作	2
引导员	1	4 ~ 6岁	了解垃圾分类知识能够判断顾客是否投入了对的垃圾桶，引导顾客按照规则进行套圈游戏。	2
收银员	1	4 ~ 6岁	根据顾客体验项目收取费用	2

注：这里的招聘多指各商铺对外招聘的人员。

招聘案例一：

在招聘中，鸣鸣小朋友在班级练习的时候很好，但是到外面的时候，突然就害羞了，一直不敢说话，但是面试的小朋友越来越多了，我就说："鸣鸣，快帮帮我吧，人太多啦，快张罗一下。"鸣鸣于是开口说话了，我顺势继续鼓励。过了一会儿，可能是太阳太大了，有点热了，鸣鸣开始有些累了，我说："鸣鸣今天第一次当工作人员特别棒，马上就要结束了，要是能坚持就更好了，我给你拍张照片发给妈妈看，妈妈一定会很高兴的。"听后，鸣鸣似乎有了精神支柱，瞬间笑得特别开心，还时不时地问我给妈妈发照片了没有。

（北京市通州区教工幼儿园　李恬）

招聘案例二：

柏杰同学第一次参与和美小镇招聘活动，在家中准备得很充分，还做了小简历。柏杰第一次参加招聘活动，多少有些紧张。在宣传员应聘中，第一个问题是请说说用环保包为什么可以保护环境，柏杰很迅速地说了出来。然后请柏杰有礼貌地与小朋友进行交流，如遇到小朋友不了解的时候他去解答。虽然说得不是那么完整，但是他很自信勇敢，荣获了第一名。在和美小镇活动中，柏杰也想挑战自己承担第一次宣传员角色，他很期待接下来的活动。

（北京市通州区教工幼儿园　李恬）

培训周：

绿化中心培训说明

培训内容	形式	实现目标定位	资源利用	备注
岗前培训	集体教学活动	了解本月环保小卫士宣传工作	PPt	
垃圾分类游戏	区域活动	了解玩具玩法	益智区	
明确自己岗位的职责及任务	员工培训	员工培训	娃娃家	

集体教学活动小班环保教案：我是环保小卫士

活动目标：

1. 了解什么是生活垃圾、生活垃圾是怎么产生的、生活垃圾有哪些危害。

2. 了解清理垃圾的重要性和环卫工人的辛苦。

3. 养成不乱扔垃圾的好习惯，培养初步的环保意识。

活动重点：

了解什么是生活垃圾、生活垃圾是怎么产生的、生活垃圾有哪些危害。

活动难点：

养成不乱扔垃圾的好习惯，培养初步的环保意识。

活动准备：

1. 搜集垃圾的照片（包括工人处理垃圾的照片，以及垃圾焚烧、处理过程中给环境造成的污染和伤害等的照片），做成一份 PPt。

2. 准备环卫工人处理垃圾的视频。

活动过程：

一、观看图片，认识生活垃圾

教师播放 PPt，请幼儿观察画面，说一说：你在照片中看到了什么？这些行为会造成什么结果？你觉得这样对吗？

二、结合生活经验讨论生活垃圾的危害。

1. 认识危害性

教师引导幼儿一起讨论：这些生活垃圾是怎么产生的？会给我们的生活带来哪些

危害？

2. 了解清理方法

观看环卫工人清理、处理垃圾的视频，讨论：我们平时是怎么处理垃圾的？环卫工人又是怎么处理垃圾的？

三、分享环保的好办法，建立环保意识

1. 观看图片，说一说哪些行为是对的、哪些行为是错的，并说明原因。

2. 交流、分享生活中的环保行为。

（北京市通州区教工幼儿园　李恬）

集体教学活动小班环保教案：绿色出行

活动目标：

1. 知道人们常用的出行方式与环境的关系，了解绿色出行好处多。

2. 大胆表达自己的看法，能用自己喜欢的方式向周围的人宣传绿色出行。

3. 愿意选择绿色出行的方式，树立初步的环保意识。

活动重点：

了解什么是生活垃圾，生活垃圾是怎么产生的，生活垃圾有哪些危害。

活动难点：

能用自己喜欢的方式向周围的人宣传绿色出行。

活动准备：

活动前教师请幼儿结合《身边的科学》进行出行调查并记录，自制课件。

活动过程：

一、导入部分

引导幼儿了解人们日常出行的方式。

（1）请个别幼儿展示调查表，向大家介绍自己的家人上班时选择的出行方式。

（2）请幼儿相互讲述自己的调查表。

（3）教师与幼儿一起统计不同出行方式的数量，了解人们常用的出行方式。

二、基本部分

创设“羊村请客”的情境，引导幼儿知道人们常用的出行方式与环境的关系。

（1）结合课件进行讲述，引导幼儿了解汽车、摩托车给环境带来的污染。提问：小兔子和小花狗为什么会被慢羊羊拦住？其他小动物为什么没有被拦住？

（2）通过和慢羊羊对话，引导幼儿进一步了解绿色出行。

小结:绿色出行就是采用对环境影响最小的出行方式，既节约能源、减少污染，又有益于健康、兼顾效率，又叫“低碳出行”“文明出行”。

三、重点部分

话题讨论，引导幼儿大胆表达自己的想法，懂得选择绿色出行方式。

（1）话题一：你认为乘坐哪一种交通工具最好？为什么？

（2）话题二：在什么情况下、使用什么样的交通工具最合适？

小结：在不同的情况下，我们要根据自己的不同需要来选择交通工具，最好选择降低污染、较少消耗的出行方式。

四、结束部分

引导幼儿选择自己喜欢的方式宣传绿色出行。

（1）提问：怎样可以向周围的人宣传绿色出行？

（2）引导幼儿选择自己喜欢的方式，通过绘制海报的方式宣传绿色出行的重要性。

（3）引导幼儿展示自己的作品，进一步树立环保意识。

（北京市通州区教工幼儿园　李恬）

集体教学活动小班环保教案：纪念版环保包

活动目标：

1. 了解园庆的意义，愿意动手制作为幼儿园送祝福。

2. 喜欢参加幼儿园集体活动，体验节日的快乐氛围。

活动重点：

喜欢参加幼儿园集体活动，体验节日的快乐氛围。

活动准备：

不织布、剪刀、胶棒。

活动过程：

一、导入部分：废物利用

（1）展示废物利用的作品

二、基本部分：环保包的意义及作用

（1）不织布是环保材料

（2）可以变成斜挎包

三、重点部分：了解制作环保包的步骤及动手体验

（1）话题一：你觉得怎么做可以把一张不织布变成包？

（2）话题二：观察图片，请说一说你看到了什么。

（3）看老师示范，并动手尝试。

四、结束部分：通过展示作品形成保护环境的意识

（1）提问：怎样向周围的人宣传保护环境？

（2）引导幼儿展示自己的作品，进一步树立环保意识。

（北京市通州区教工幼儿园　李恬）

区域活动：

名称：突突动脑吧——环保车

目标：能将垃圾进行分类，并装进不同的垃圾桶里。

材料：环保车，垃圾桶若干，垃圾纸片若干。

指导：1. 幼儿根据不同垃圾桶进行分类。2. 指导个别幼儿进行学习并投放。

家长资源：利用休息时间家长带领幼儿去寻找户外的垃圾分类标识。

家长和幼儿共同制作垃圾分类标识。

（北京市通州区教工幼儿园　杨思丹）

名称：哒哒创意吧——环保包

目标：愿意亲手制作环保包。

材料：无纺布，胶棒。

指导：1. 幼儿根据步骤图制作环保包。2. 指导和帮助个别幼儿做环保包。

家长资源：家长利用休息时间跟幼儿共同制作环保包。

（北京市通州区教工幼儿园　杨思丹）

培训案例一：

小班第一次参加小镇活动，我选择了比较善于沟通交流并愿意参加的依依小朋友进行服务员的工作培训，依依对于普通的垃圾可以进行分类，但是对于平常接触不到的垃圾物

品不太熟悉并且投放垃圾桶也有些投不准，并且这些现象都直接影响了孩子的情绪变化，比如没有耐心等，于是我对依依说："厨余垃圾一般就是吃不完的，有害垃圾就是比如电池等对人身体不好的东西，其他垃圾就是不需要并且安全的，可回收的就是可以再重复利用的。"依依很聪明，听后，立马就开心地跟着我一起投放了垃圾。我说："依依现在已经很棒了，可以引导其他小朋友进行投放啦，等活动当天，依依愿意用你学到的本领帮助其他小朋友吗？"

（北京市通州区教工幼儿园　邓可欣）

培训案例二：

格格是一个很聪明的小女孩，语言表达能力也很棒，所以这次我鼓励她承担了引导员的工作。在培训中，我首先教她用礼貌用语与顾客打招呼沟通，开始教了她几遍，她复述得比较困难，所以时间有点长，小班孩子的意志力不是很强，开始逐渐失去耐心，慢慢想要放弃，于是我就鼓励她："我们慢一点说，老师再一点一点地教你可以吗？"格格是一个很乖巧的孩子，立马又打起精神继续学。在后几天的区域活动中，我鼓励她去娃娃家玩，通过观察我发现在娃娃家通过过家家的方式提高了格格的引导能力及沟通能力。这次培训进行得很不错，在活动中格格也独立承担起了引导员的责任。

（北京市通州区教工幼儿园　李恬）

宣传周：

宣传方案：

《指南》中在"社会适应"方面提出指导思想："经常和幼儿一起参加一些群体性的活动，让幼儿体会群体活动的乐趣。"结合店铺主题及《指南》精神，为使幼儿有初步的环保意识，开展了第一次小镇活动：垃圾分类，通过展板宣传环保知识，和幼儿利用垃圾分类桶玩具进行垃圾分类投放，从而让幼儿了解垃圾分类知识并在生活中运用。

9 月活动安排如下：

一、活动目标

1. 培养幼儿热爱自然、珍惜自然资源、关心和保护环境的意识。

2. 能够将垃圾分类投放到指定垃圾桶。

3. 愿意参加活动，在活动中能够大胆和他人交流，感受活动的快乐。

二、活动安排

活动时间：2021 年 9 月

途径	班级	小镇
物品准备	1. 准备垃圾分类桶玩具 2. 收集圈 3. 做环保展板	1. 码放相关物品 2. 宣传海报 3. 桌椅
活动内容	培训相关工作人员，让工作人员了解自己的工作职责及垃圾分类的知识与意义	以宣传、挑战垃圾分类投放来进行垃圾分类宣传
分工协作	1. 宣传组：宣传商铺活动及垃圾分类知识 2. 引导组：负责顾客体验流程的协助工作	向顾客宣传，引导顾客，使顾客完美地体验商铺，感受垃圾分类的好处，形成环保意识

（北京市通州区教工幼儿园　李恬）

畅游日：

案例一：

鸣鸣站在商铺门口接待小顾客，当哥哥姐姐伴随着音乐出发的时候他的神情有些慌张，当我向他分享了一些接待的礼貌用语后，他开始小声地说，但是游客听不清楚，有的游客甚至不知道他在宣传，后来他开始逐渐变成在没有人路过的时候去说：“好玩的套圈游戏，体验垃圾分类，快来玩吧！”我继续上前鼓励：“你第一天当工作人员都没有怯场已经很棒啦，其他小朋友一定会觉得你很厉害的！如果再自信一点让游客们都听到，他们一定都会来我们商铺玩的！”鸣鸣听了我的话自信了许多，但是还是没有人来，他开始失落了，等没人的时候才会喊几句。这时候我再次介入，对他说：“没关系，你一定不要放弃，你可是工作人员哟，是不是要有责任感呢？老师奖励你一个魔法，你用这个魔法一定会有小朋友来体验的，想不想听听是什么魔法？”鸣鸣听到魔法特别兴奋，激动地凑过小耳朵听。我说：“你看前面那个姐姐了吗，你走过去跟她说我能邀请你一起玩套圈游戏吗？”最后鸣鸣自信地与顾客交流，拉着小顾客进来体验，并和小朋友玩得很开心。

在此过程中我先是帮助幼儿学会一些基本的交往礼貌用语，比如“你好、谢谢、请进来体验吧”等，增强幼儿的交往自信，并鼓励他运用礼貌用语跟顾客交流沟通。我还在整个过程中适时介入，利用自然亲切的语言表扬、鼓励幼儿，消除其紧张感，使鸣鸣意识到自己要有责任意识，一直坚持在岗位上。在一次一次尝试中，他逐渐变成了一名优秀的工作人员。最后回到日常生活中我也经常鼓励他，让他承担一些力所能及的小任务，培养他的责任感，在日常采用提问式交流多与他聊天。

支持策略：

1. 在日常生活中学会简单的礼貌用语。

2. 适时介入，利用自然亲切的语言循序渐进地表扬、鼓励幼儿，消除幼儿的紧张感。

3. 让幼儿承担一些力所能及的小任务以培养他的责任感。

4. 在日常采用提问式交流方式多与他聊天。

（北京市通州区教工幼儿园　徐雪艳）

案例二：

杨双是收银员，但是在活动当天出现了接待员不仅接待顾客体验，还顺带把钱收了的情况，导致杨双无事可做，只能看着接待员忙碌。于是我上前跟接待员说：“妹妹是收银员，但是她的钱袋还是空的呢。”接待员听后就把兜里的钱给了杨双，但是接下来还是在接待的同时顺便把钱收了才给杨双。于是我对杨双说：“哥哥可能是看你没有收钱，在帮助你呢，但是我觉得杨双都在家练习了好久了，一定很棒的。如果你能再勇敢、主动地跟顾客说话收钱，就会完美地完成你的工作任务了呢。”随后，我让接待员只在里面，让杨双站在商铺门口，顾客交完钱才可以进去，接待员开始接待，于是杨双开始向进来的顾客说：“你好，体验一次 2 元！”有的时候杨双没有及时跟顾客沟通，里面的接待员还会提醒她快快收钱。最后我跟接待员说：“你看，你和杨双一个收钱，一个招待顾客，合作得多好，让我们的工作完成得越来越快了呢，并且还让我们的店铺顾客越来越多了呢！”

分析：首先不同的工作人员有各自的分工，但是在活动中工作人员忽略了这个问题，作为小班工作人员的杨双不知道如何跟其他工作人员说。作为大班的工作人员虽然可以独立承担工作，但是合作意识有所欠缺，最开始我通过提问的方式启发接待员思考：为什么妹妹的钱袋是空的，怎么办呢？这个方式让幼儿克服了自我中心化的言行，与同伴友好协商合作，之后我没有过多干预，在旁观察幼儿的交流过程，适时提出建议或加以引导，从而引发幼儿自己解决问题，减少对老师的依赖，用自己的社会交往方式去解决问题。之后当发现幼儿还是没有合作意识时，我就适时出现为幼儿创造合作机会，设计了里应外合的接待方式，让工作人员不得不分工明确，共同完成接待工作。我还在适当的时候给予孩子们合作过程的肯定，这也能激励幼儿持续合作，在合作的过程中自然促进幼儿的社会交往能力的提高。

措施：1. 用提问的方式启发接待员思考。

2. 适时提出建议给予引导。

3. 为幼儿创造合作机会，设计了里应外合的接待方式。

4. 给予孩子们合作过程的肯定，激励幼儿持续合作。

（北京市通州区教工幼儿园　李恬）

案例三：

小镇活动结束后，我让工作人员一起做总结。接待员说：“顾客有点多，后来顾客进来都没有座位了。”我问：“那应该怎么办呢？应该如何跟你的顾客沟通呢？”宣传员说：“可以礼貌地问他能不能等一下。”接待员说：“可是他觉得无聊就走了。”收银员随后说：“那可以陪他聊一会儿，或者给他个小玩具玩呀。”随后回到班级，我让班级里去店铺体验的小顾客说说感受。甜甜说：“萱萱一直帮我贴，可是贴的都不是我喜欢的。”我对萱萱说：“你是想帮助她对吗？但是作为引导员，你的职责是在顾客遇到困难的时候帮助她，并且全程让小顾客自己体验做，如果你想提供想法，可以通过语言与她沟通问她愿不愿意。”

孩子们的想法和感受总是让人出乎意料，在案例中，我为幼儿提供了宽容接纳的精神环境，鼓励幼儿积极主动且充满自信地与外界交往。通过总结，孩子们不仅发展了语言沟通能力，还能向其他小朋友学习交往技能。

措施：1. 提供宽容接纳的精神环境。

2. 鼓励幼儿积极主动且充满自信地与外界交往。

3. 共同总结，向其他小朋友学习交往技能。

（北京市通州区教工幼儿园　邓可欣）

案例四：

小福担任此次的送货员，刚进入班级时，他有些不知所措，面对陌生的面孔有些慌张，哥哥姐姐与他交流他也不敢说话，于是我跟他说：“需要我帮助你吗？”我边说边去拿他手里的山楂雪球，他立马做出不给我的反应。我问：“那你是想自己给哥哥姐姐吗？”他微微点点头，我说：“那你看姐姐都给你订货单了，快快核对完成你的任务吧。”后面送到隔壁班级，他的反应突然变了，好像是看到了比较熟悉的老师和小朋友，开始与老师聊天，脸上也有了笑容。

小福最开始很不爱说话，能力有待发展，但是我发现他很喜欢当“小领导”，不过面对陌生人又比较胆小，但是很有责任感，当我想从他手里拿山楂雪球的时候，他却可以保护好山楂雪球，在给予鼓励后可以勇敢尝试。这些都说明小福是一个有潜力的小朋友，在多多鼓励后能成为老师得力的小助手。后来因为去的是隔壁班，有熟悉的老师与小朋友，我发现他可以微笑地使用礼貌用语与老师交流，这说明他应该到新环境中多多锻炼。

措施：1. 在日常生活中多见见陌生人。

2. 平常给他留一些力所能及的小任务。

3. 在今后的小镇活动中可以让他当引导员，多与其他小朋友接触。

（北京市通州区教工幼儿园　李恬）

和美小镇银行实践案例

一、小镇各商铺架构

（一）商铺名称

和美银行

（二）经营内容

负责和美小镇的游戏币存取业务。

（三）目标

1. 通过活动培养幼儿良好的财商和自我规划的意识。
2. 了解银行的功能，知道存储的意义。

（四）材料准备

1. 场地要求：场地图片

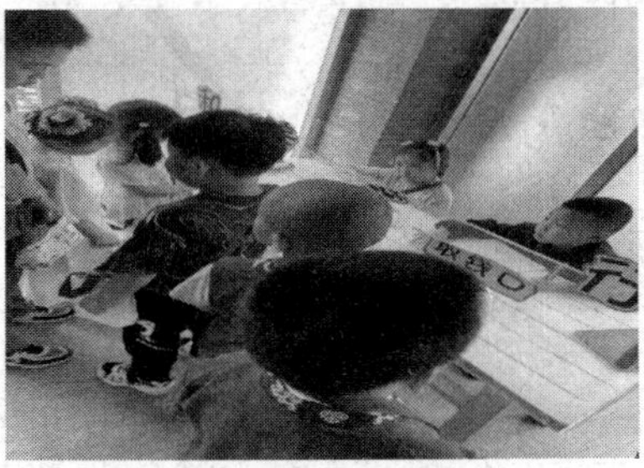

2. 所需材料

角色材料	经理	经理工作服、工牌、账单核对表、商铺临时借贷合同
	咨询员	取号号牌、银行业务单
	取钱员	取钱记录单、评价记录表
	存钱员	存钱记录单、评价记录表
	业务员	存钱业务利息表、存钱时间预约单、存钱订单合同
	纪念品收银员	购物小票、缴费记录单
	纪念品销售员	销售员胸卡、销售记录单、产品库存记录单、商品价目表
	银行临时招聘HR	招聘合同、应聘成功单、临时员工工资发放明细单
操作材料（多指顾客操作）	取钱顾客	取号号牌、存折、评价打分表
	存钱顾客	取号号牌、存折、评价打分表
	买纪念品顾客	价目表、购物小票、评价打分表

（五）商铺职位（基础配置）

岗位	人数	适合年龄	工作内容	和美币
银行经理	1	5～6岁	负责银行的整体运营工作	5
取钱员	1	5～6岁	负责银行的窗口取钱业务	3
存钱员	1	5～6岁	负责银行的窗口存钱业务	3

（北京市通州区教工幼儿园　张馨元）

招聘周：

和美银行招聘方案

一、活动目标

1. 愿意参与和美银行活动，在活动中愿意和他人交流，感受活动的快乐。

2. 通过活动了解银行在成长季活动中的工作重点。

二、活动地点

和美银行（门厅处）

三、活动具体安排

前期准备：

（一）经验准备

1. 班级三位教师召开班会，确定成长季主题下和美银行的招聘形式。

2. 教师和幼儿共同讨论符合本月特色招聘的人员、招聘条件、招聘工资。

3. 班级推选出小小面试官，负责招聘当天的面试工作。

4. 班级幼儿进行分组，如设备组、材料组等，按照具体负责的内容进行准备。

（二）物质准备

1. 教师和幼儿共同制作招聘海报。

2. 教师和幼儿共同制定招聘打分表。

3. 为幼儿准备好纪念币样品。

活动当天的准备：

1. 幼儿和教师一起摆好桌子和桌签、海报。

2. 幼儿负责招聘活动，教师进行辅助。

3. 教师和幼儿共同整理好前来面试的幼儿打分表。

4. 幼儿选出应聘成功的小工作人员。

5. 和美银行的小店长负责给应聘成功的工作人员发放聘书。

成长季：

招聘周：招聘方案、招聘中的案例

岗位	人数	适合年龄	工作内容	和美币
实习柜台	1	大班	负责了解和熟悉柜台内存取款的业务	2
安保人员	1	中班、大班	负责银行商铺的安全保障服务	3
纪念币收买员	1	中班、大班	能够积极主动地招待客人，了解客人的需求，给客人推荐适合的纪念币	3

注：这里的招聘多指各商铺对外招聘的人员。

招聘案例一：

和美银行在成长季的主题活动中，开始了第一周的招聘活动，魏鑫负责招聘在成长季主题中负责纪念品售卖的售卖员。活动开始后一直很顺利，直到一位小应聘者的出现。这位小应聘者说："我就想应聘纪念品售卖员，你为什么觉得我不合适？"魏鑫说道："在刚才的面试中，我觉得你对纪念币的种类了解得不清楚，不能很好地给小客人推荐合适的纪念品。"小应聘者说："我就喜欢银行的工作啊。"看到他这么失望，魏鑫说道："我看到你刚才让小朋友们排队，我觉得这一点很棒，要不然你来我们银行应聘安保人员吧，我觉得你很合适。"听到这些，小应聘者很开心地答应了下来。

听到小应聘者对于银行的工作这么感兴趣时，魏鑫并没有觉得他不符合纪念币售卖的要求就不录用他，而是细心地发现了他让小朋友们排队时的优点，取长补短地给他推荐了更加适合他的职位。

在活动结束后，我把这件事情分享给了班级中的小朋友们，引导大家进行讨论，鼓励大家向魏鑫学习。

（北京市通州区教工幼儿园　杨晶晶）

招聘案例二：

招聘活动开始了，高靖萱作为小小面试官，开始了自己的工作。但是活动之初，高靖萱面试了几个小朋友之后，突然对旁边的面试其他岗位的小面试官说："我觉得这样面试不能看到他们到底适不适合这个工作，应该加上让他们亲自体验这个游戏的环节，让他们自己玩一下，看看谁玩得好，自己玩得好才能更加吸引顾客啊，才能挣更多的钱。"于是，我们一起商量出了新的面试策略。面试招财进宝游戏的营业员，根据面试结果，增加一个复试环节，在下次复试中请他们在游戏中体验一下再次进行打分，最终选出最适合的员工。

分析：孩子们在面试的过程中能够及时发现问题，并能够商量出解决办法，并大胆地进行尝试。这是非常好的现象，证明孩子们在活动中解决问题的能力得到了很大程度的提高。

措施：在活动结束后，我在班级中跟小朋友们分享了这件事，引导大家讨论，大家勇于尝试，一起实践，并得出结论

（北京市通州区教工幼儿园　张馨元）

培训周：

和美银行培训说明

培训内容	形式	实现目标定位	资源利用	备注
实习柜台	数字实战式培训	能够完成 20 以内的钱的找零和点数	数学玩具、和美小镇游戏币、存折	
安保人员	游戏场景式的培训	在各种突发事件的场景中能够做到正确且灵活的安保工作	班级表演区	
纪念币售卖员	实操式培训	了解各个纪念币的意义，并能够吐字清晰地进行有条理的讲解	家园合作	

和美银行培训方案

一、活动目标

1. 愿意参与和美银行活动，在活动中能够熟悉了解每个纪念币的意义。

2. 通过和美银行的培训活动，了解银行工作人员的职责。

二、活动地点

和美银行（幼儿园门厅处）

三、活动具体安排

活动阶段	活动内容	负责人	备注
前期准备阶段	1. 班级教师开班会，确定银行培训的具体形式 2. 负责培训的工作人员提前了解银行各个工作人员的职责 3. 提前制作好员工手册 4. 提前准备好纪念币等活动材料	班级负责培训的幼儿、班级教师	家园合作共同带幼儿了解钱币的演变过程
银行培训阶段	1. 负责培训的幼儿按照时间组织好培训的其他班级幼儿，负责统计好人数，记录考勤 2. 按照培训过程中的认真程度，培训师和小员工之间进行双向打分 3. 讲解好培训内容后，在银行的活动地点进行现场实操培训 4. 给培训的小朋友发放员工手册，引导培训的幼儿回去之后可以更加清楚地了解自己负责的内容 5. 培训后给小员工发放工牌	本班教师、班级中负责培训的幼儿、和美银行经理	

（北京市通州区教工幼儿园　杨晶晶）

集体教学活动

领域：社会

活动名称：快乐成长卡

活动目标：

1. 了解什么是成长以及成长的意义。

2. 能按照自己的想法设计快乐成长卡，并能说清楚自己的想法。

活动材料：快乐成长卡的图片。

活动过程：

导入环节：图片导入，激发幼儿的兴趣。

师：小朋友们，图片上是什么啊？

师：你们看它像什么？

师：对，它就是银行卡，但它不是一般的银行卡，它是快乐成长卡。

基本环节：了解什么是快乐成长卡

“快乐成长卡”是从儿童视角出发设计的银行卡，分为男孩卡、女孩卡，造型活泼可爱，该卡和普通银行卡一样，能实现交易、理财等功能。

重点环节：

1. 了解什么是成长

成长就是长大、长成，泛指事物走向成熟的过程，简而言之，就是个体不断变得更好更强的过程。

2. 设计快乐成长卡

结尾环节：师幼小结。

幼儿展示自己设计的快乐成长卡。

（北京市通州区教工幼儿园　张馨元）

集体教学活动：

领域：科学

活动名称：和美纪念币

活动目标：

1. 了解什么是纪念币，纪念币有什么意义。

2. 知道纪念币的种类，每类纪念币的区别。

3. 能自己设计最美中国年的和美纪念币。

活动材料：PPt、纸、笔。

活动过程：

导入环节：图片导入，激发幼儿的兴趣。

小朋友们，图片上是一些特殊的钱币，有小朋友知道这些是什么币吗？你在生活中见过这样的钱币吗？在哪里见到过？

基本环节：了解纪念币的种类

纪念币的分类，主要有五种分类：

一是按照性质，可分为贵金属纪念币和普通纪念币两类；

二是按照材质，可分为金、银、铂、钯、钢锌、铜镍、钢芯镀镍、金银镶嵌、紫铜和纸质、塑料共 11 种；

三是按照主题题材，大致可分为 15 个系列、240 多套；

四是按照年代，自 1979 年开始可一年分一套；

五是按照形制，可分为圆形、长方形、梅花形、扇形、多边形等 8 种。

重点环节：设计最美中国年和美纪念币

1. 根据最美中国年的主题设计和美纪念币。

2. 纪念币设计得要有意义。

3. 设计的样式图案清晰，以便制作成纪念币。

结尾环节：纪念币设计分享

1. 幼儿分享交流纪念币的设计，并说一说自己的设计想法。

2. 幼儿根据图片选出较好的纪念币设计。

（北京市通州区教工幼儿园　张馨元）

领域：社会

活动名称：快乐服务

活动目标：

1. 了解什么是快乐服务，并努力做到。

2. 能热情熟练地完成自己岗位的工作。

活动材料：视频。

活动过程：

导入环节：视频导入，引入主题

小朋友们刚才看的视频中服务人员的表情和语气是什么样子的啊？（高兴的、愉快的。）那你们看看客人的表情是什么样的？（也是高兴的、愉快的。）

基本环节：了解什么是快乐服务。

快乐服务就是服务员对待客人的心情始终都是愉快的，而且客人也是愉快的，也就是双方都很满意、很高兴。

重点环节：怎样做到快乐服务

1. 积极热情地对待来银行的客人，耐心地为他们服务。

2. 面带微笑地和别人打招呼。

3. 认真做好自己的工作，让客人感受到满意的服务。

结尾环节：师幼小结

小朋友们，我们今天了解了快乐服务，快乐服务就是用自己的快乐情绪感染被服务的人。

（北京市通州区教工幼儿园　张馨元）

集体教学活动：

领域：社会

活动名称：员工手册

活动目标：

1. 幼儿能够在活动中了解每个职位的不同工作性质和工作内容。

2. 根据每个职位的不同，大胆制定出不同的游戏规则。

活动材料：视频、PPt、画笔、画纸。

活动过程：

导入环节：谈话导入，引入主题

孩子们，我们和美银行的招聘活动已经结束了，我们招到了很多小员工，让我们来回忆一下他们都是谁吧。

基本环节：清楚了解岗位要求

1. 请幼儿大胆说一说每个岗位的小员工需要做的具体事情。

2. 教师和幼儿共同梳理出每个员工的具体职责。

重点环节：制定员工手册

1. 引导幼儿了解每个岗位在做好自己的事情的同时需要遵守哪些规则。

2. 教师和幼儿共同梳理出遵守规则的条约。

3. 幼儿进行分组，将自己这组负责制定的员工要求用绘画的形式呈现出来。

结尾环节：教师总结每组的条约进行展示，并装订成册。

（北京市通州区教工幼儿园　张馨元）

科学区：

目标：

1. 了解古代钱币的特征，并能根据特征进行分类。

2. 能根据不同时期的古钱币特征，进行分类游戏。

材料：古代钱币卡片

指导：

1. 引导幼儿按照不同古钱币的特征进行分类。

2. 按照制定好的规则进行古代钱币卡片的分类游戏。

3. 游戏后把材料放回原位。

角色区：

目标：

1. 幼儿通过活动，掌握和美银行安保人员的职责。

2. 在活动中，幼儿能够了解正确的安保措施，确保不发生冲突，保证安全。

材料：银行柜台、录像机

指导：

1. 幼儿根据银行柜台和表演区其他幼儿表演出的临时场景，进行安保工作。

2. 体验后，教师引导幼儿了解整理好的游戏场景中的注意事项。

3. 给安保幼儿播放各个场景的游戏录像，引导幼儿自己发现问题。

4. 教师帮助幼儿一起进行总结。

（北京市通州区教工幼儿园　张馨元）

家长资源：

一、家长助教

目标：

1. 根据家长的特殊职业，让幼儿对安保工作有更加深入的了解和认识。

2. 幼儿喜欢这个角色，在活动中能够大胆表现这个角色。

准备：从事特殊职业的家长

材料：PPt、职业套装

活动：

1. 请在银行工作的家长来班级准备一个小活动，和孩子们共同游戏，带领孩子们了解银行的真实工作情况。

2. 答疑环节，孩子们把之前整理的自己关于银行工作的小问题提出来，在活动中找到答案。

二、家园配合

家长利用周末时间带领幼儿去真实的有安保场景的场所看一下安全员的工作内容，了解使他们工作形式。

（北京市通州区教工幼儿园　张馨元）

培训案例一：

在这次活动中，黄楚涵负责培训的是纪念币售卖员，起初培训进行得井井有条，但是在培训的过程中黄楚涵发现纪念币的售卖工作要向小顾客讲解每个纪念币的意义，工作量特别大，而且如果当时来了很多小客人的话，售卖员一个一个讲解也根本忙不过来，于是黄楚涵带着这个问题找到了我。我反问她："那你想怎么解决呢？"黄楚涵说："我觉得可以给每个纪念币做一个意义讲解，录下来，小朋友自己用 iPad 扫码听。如果人多就可以这样，如果人少就可以亲自讲解。"

在活动过程中能够发现，我们的培训人员很认真，积极发现了问题，并且自己把问题解决了，能够看出孩子们解决问题的能力得到了很大的提高。

支持策略：

1. 培训师小朋友和班级的小朋友们一起交流和分享自己针对这件事情的想法。

2. 根据商量出的结果进行整改。

（北京市通州区教工幼儿园　杨晶晶）

培训案例二：

在活动中，张雨熏作为培训员在培训新招聘来的大班的小员工，培训的职位是招财进宝营业员。一开始培训员工手册时，两个人还有些陌生感，但是在最后的环节中，两个人培训招财进宝游戏时很是开心，一起创新出了新的游戏。原本张雨熏想要教给小员工的小方法，但是通过新招聘的大班小员工的新方法的介入，发现新的方法能更加方便快速地完成游戏，并且会更加成功。

分析：

在这个活动中，虽然张雨熏是培训员，但是当新招聘来的小员工想到了新的游戏玩法时，他们两个能够进行讨论和协商，这个表现非常好。

措施：

1. 在活动结束后，跟班级小朋友们分享这件事，引导大家讨论。

2. 鼓励小朋友们进行学习。

（北京市通州区教工幼儿园　杨晶晶）

畅游日：

案例一：

陆思齐和王品元正在接待她们的小顾客，这时一位小顾客挑选完自己想要的玩具，拿着存折走了过来，举起他的存折说：能用这个付钱吗？”他说了两遍后，陆思齐拿起一张和美币说：“得用这个付钱。”小顾客说：“我没有，我们班的同学也没有。”这时一个小女孩也拿存折给陆思齐，陆思齐说：“我不要。”过了一小会儿，小顾客说：“你的意思是不能买吧。”然后小顾客又想了一会儿说：“我可以去和美银行赚完钱再来你们这儿买这个小汽车，然后再和我们班同学会合吗？”陆思齐说：“可以。”最后小顾客就把小汽车送回到了货架上。

小顾客不是很清楚存折是不能用来买东西，但是陆思齐告诉小顾客只有和美币才能买东西，但是在小顾客说自己没有和美币的时候，陆思齐不知道该怎么办了，保持了沉默，最后是小顾客自己想出了解决办法，可以去和美银行赚钱再回来买自己心仪的玩具。

支持策略：

1. 回班进行小结，让小朋友共同探讨解决问题的办法。

2. 鼓励幼儿在遇到困难的时候可以大胆寻找解决办法。

3. 告诉幼儿用和美币才能买东西。

（北京市通州区教工幼儿园　杨晶晶）

案例二：

和美银行的大堂经理姜家树和两名柜台会计正在等待他们的顾客，刚才已经有两位小顾客来取钱，但是由于他们的存折没有存款记录所以一直没有成功。家树焦急地说：“咱们什么时候能办成功啊？”这时大一班的兜兜拿着钱走了过来，大堂经理家树看见了热情地说：“请问，你要办什么业务？存钱还是取钱？”兜兜说：“存钱，我有通票，我要把钱存起来。”家树说：“亲爱的顾客，得把存折拿出来。”兜兜问哪个是存折，家树给他指了一下粉色的本本，接着问：“你想存多少钱？”兜兜说：“都存了，存六块，因为我得了 VIP 大奖。家树走到存款机边问：“你的六块钱呢？”兜兜看了看存折说：“算了吧，不存了！”家树说：“你获得了 VIP 大奖对吗？得了 VIP 很幸运啊，你还是存上吧！”兜兜摇了摇头就走了。

家树是这学期刚刚转学过来的幼儿，通过一个月的接触，我发现他的思维能力和人际交往能力发展得都很不错，通过应聘他成功获得了大堂经理的职位，但是家树以前并没有参加过和美小镇活动，所以他对和美银行没有前期经验。银行开业前我们举行了亲子探索银行活动，孩子们对银行有了初步认识，家树也在妈妈的陪同下去了银行并到存款机进行存款，因此小朋友要存钱的时候他先走到了存款机前，而没有把他带到柜台处办理。他在整个服务中表现得都很不错，会用礼貌用语“你好，请问，亲爱的顾客”等。对于存款流程也很熟悉，当顾客提出不存了时，他试图劝说但面对顾客仍然拒绝，他有些尴尬，不知说什么好就放弃了。

回班小结，共同帮助家树想办法，如果遇到这样的问题应该怎么解决。

和幼儿共同分析顾客不存钱的原因，想一些能劝说顾客把钱存起来的好办法。

鼓励幼儿勇敢自信，让幼儿知道被拒绝不可怕，不怕要挫折。

（北京市通州区教工幼儿园　张馨元）

案例三：

和美小镇开业了，银行大堂经理姜家树和柜台前的两名小会计迎来了他们的顾客。姜家树：“你好，你有银行的存折吗？”此时，那名小顾客拿出了他自己的粉色银行存折。姜家树：“我可以看一下吗？”小顾客：“可以。”姜家树细心地问：“你是存钱还是取钱呢？”小顾客：“我要取钱。”姜家树：“你想取多少钱呢？”小顾客：“两元钱。”于是，姜家树细心地查看了小顾客和美银行存折上的内容，并对小顾客说道：“你的存折上有两元钱，那你是要把两元钱都取出来吗？”小顾客：“是的。”之后，姜家树利用模拟银行机器为小顾客做了记录，并且走到柜台前，跟银行的两名小会计说：“我需要两元钱。”并从银行的小钱袋里拿出了两元钱，而银行柜台的会计曾子恒在银行的记录单上为小顾客做好了记录。姜家树拿着从银行取出的两元钱对小顾客说：“这是你的两元钱和你的存折。”

姜家树小朋友作为银行的大堂经理在和美小镇开业之初，对银行进行了探索，并吸取了与前面几名小顾客沟通的一些失败经验，在面对这次的小顾客时，他非常细心，语言表达也非常清楚，逻辑思维十分缜密。他询问了小顾客是否有存折，是存钱还是取钱；在面对小顾客要把存折上的钱都取走时，他还进行了反复的确认，询问小顾客是否把钱全部取走。在最后，他还提醒小顾客拿好自己的存折和钱。从而，顺利地为小顾客办理好了业务。

后续，我们继续加强对姜家树和美银行大堂经理的培训，使他对银行大堂经理这个职业更加熟悉，从而更好地为顾客服务。

我们还让姜家树作为培训官给其他工作人员培训，告诉其他工作人员在面对小顾客时应如何解决他们不同的问题。

（北京市通州区教工幼儿园　张馨元）

案例四：

在和美小镇的活动中，杨宸和他的好朋友于佳睿一起去盲盒馆购买盲盒礼物。我观察到，他们一起进入盲盒馆以后，都先挑选了自己想要的盲盒。于佳睿首先挑到了自己最喜欢的盲盒，于是马上就去问卖盲盒的工作人员："我想买这个，请问这个盲盒多少钱呀？"他很顺利地交了钱，买到了自己喜欢的盲盒。一旁的杨宸也挑到了自己喜欢的盲盒，但是他把盲盒拿在手里看着卖盲盒的小工作人员，就是说不出话来。看着这个情况，在一旁的于佳睿等着他买完一起去玩别的，所以着急地对杨宸说："你想买这个你就问他多少钱呀。买完我们再去玩别的。你快问呀，没事的。"杨宸显然还是有些羞于开口。但是于佳睿的话被盲盒馆的小工作人员听见了，于是工作人员对杨宸说："你别紧张，你是想买这个盲盒吗？一块钱一个。"杨宸听完，大着胆子说："是的，我想买这个，给你钱，谢谢！"买完了，就听于佳睿在旁边说："你看，我就说没事吧，你就大胆说，没事。"杨宸听完开心地和于佳睿一起走出盲盒馆继续去玩别的了。

其实杨宸属于语言发展很好的小朋友，吐字清楚，逻辑清晰，但是就是羞于表达。经过这件事情之后，我发现杨宸在之后畅游其他商铺的时候变得大胆了许多，在班级里也能更加大胆地表达自己的想法了。

1. 我为他的进步感到欣慰，当然今后我也会继续持之以恒地鼓励和支持他，帮助他养成大胆表达的良好习惯。相信他的自信心和表达能力会在教师的一再鼓励下逐渐建立。教师要密切关注孩子的不同发展、表现、需要，及时给予适时、适当的引导和支持，这样才能促进孩子的有效发展。

2. 借助这个实例，鼓励和教育其他不敢大胆表达的孩子也要勇敢些，多参加各项活动，增强自信心和表达能力。

（北京市通州区教工幼儿园　杨晶晶）

和美小镇绿化小卫士课程体系案例

一、小镇各商铺架构

（一）商铺名称

绿化小卫士

（二）经营内容

1. 欣赏金秋的北京，通过宣传了解菊花、桂花的食用价值；了解北京枫叶、银杏叶的最佳观赏地点并进行欣赏。

2. 秋收体验：晒菜干，剥苞米。

（三）目标

1. 喜欢接触大自然，对金秋北京的植物感兴趣，有好奇心和探究欲望。

2. 认识常见的北京秋天的植物以及农作物，在接触自然植物的过程中累计有益的直接经验和感性认识。

3. 愿意参加小镇绿化宣传活动，在活动中能够大致了解自己的岗位职责，知道自己在活动中需要完成的任务。

（四）材料准备（图片）

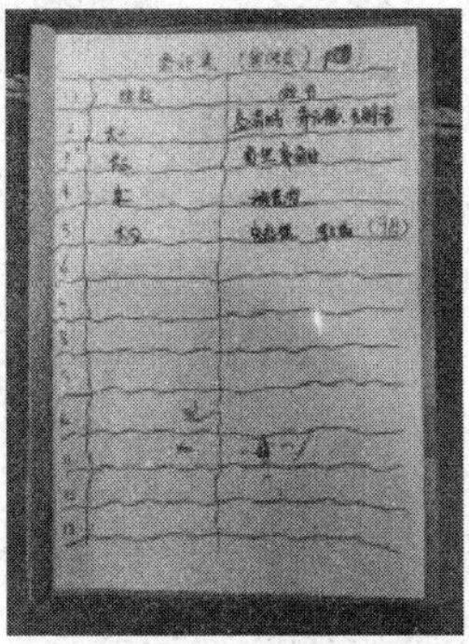

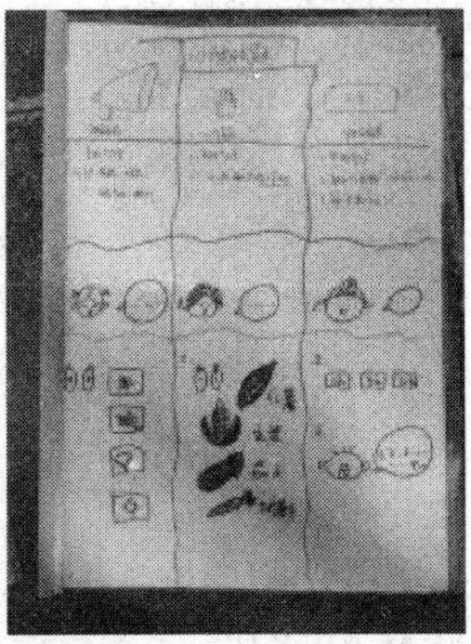

1. 场地要求：场地图片

2. 所需材料

角色材料	经理	
	收银员	
	操作指导员	
	讲解员	
操作材料 （多指顾客操作）	晒菜干的工具	竹签、串菜线、白菜、茄子、豆角、辣椒、小夹子等
	泡菊花茶的工具	水壶、玻璃杯、菊花
	宣传海报	

（五）商铺职位（基础配置）

岗位	人数	适合年龄	工作内容	和美币
经理	1	5 ~ 6	统筹兼顾商铺活动内容，关注工作人员状态，以及顾客的动态	2
收银员	1	4 ~ 6	根据顾客体验项目收取费用	2
讲解员	1	3 ~ 6	通过宣传帮助顾客了解北京金秋十月的代表性植物，以及菊花、桂花的食用价值；北京枫叶、银杏叶的最佳观赏地点	2
操作指导员	2	4 ~ 6	了解晒菜干等实际操作的具体步骤，并引导顾客、帮助顾客进行体验	2

商铺人员关系图：

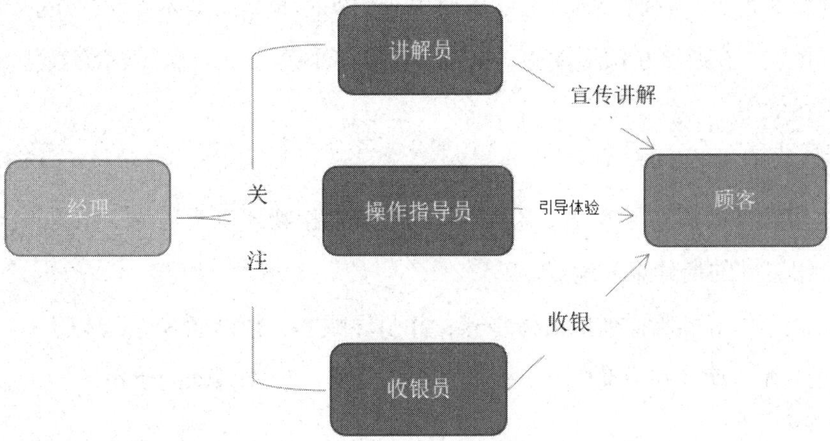

顾客体验流程图：

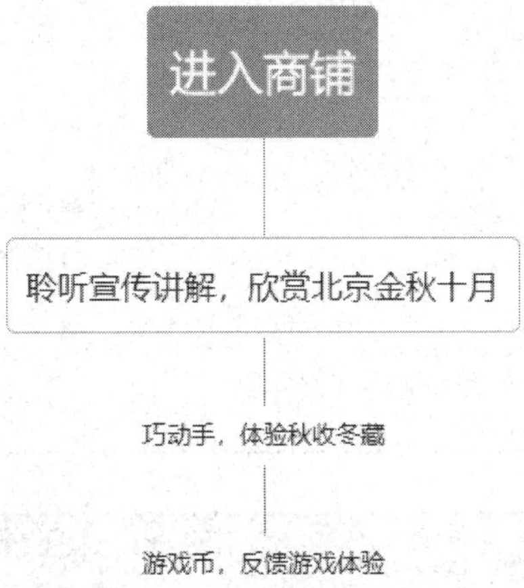

（北京市通州区教工幼儿园　曹瑞玮）

二、小镇活动组织

招聘周：

绿化中心招聘方案

为了更好地落实《指南》精神，构建幼儿园园本课程，在十月小镇活动中，我们首先将带领幼儿了解北京金秋十月的代表性植物，以及菊花、桂花的食用价值；北京枫叶、银杏叶的最佳观赏地点；其次带领幼儿了解晒菜干等实际操作的具体步骤，并引导顾客、帮助顾客进行体验。在游览小镇活动中，引导幼儿遵守小镇公约，感受社会实践活动的快乐，具体活动安排如下：

活动目标：

1. 通过宣传帮助顾客了解北京金秋十月的代表性植物，以及菊花、桂花的食用价值；北京枫叶、银杏叶的最佳观赏地点。

2. 了解晒菜干等实际操作的具体步骤，并引导顾客、帮助顾客进行体验。

3. 愿意参加活动，在活动中能够大胆和他人交流，感受活动的快乐。

人员分工	材料准备	十月小镇内容	备注
服务员：负责引导顾客体验晒菜干、串白菜、做书签	白菜、茄子、树叶、竹签、毛线、夹子、书	引导、帮助顾客体验晒菜干、做书签	
讲解员：宣传讲解北京金秋十月的代表性植物，以及菊花、桂花的食用价值；北京枫叶、银杏叶的最佳观赏地点	宣传活动板	宣传讲解菊花、桂花的食用价值；北京枫叶、银杏叶最佳观赏地点	
收银员：收银	和美币、收纳盒	能够点数 1 ~ 5 元和美币	

岗位	人数	适合年龄	工作内容	和美币
讲解员	2	5 ~ 6 岁	通过宣传帮助顾客了解北京金秋十月的代表性植物，以及菊花、桂花的食用价值；北京枫叶、银杏叶的最佳观赏地点	2
收银员	1	5 ~ 6 岁	根据顾客体验项目收取费用	2
服务员			了解晒菜干等实际操作的具体步骤，并引导顾客、帮助顾客进行体验	2

（北京市通州区教工幼儿园　杨娇）

宣传周：

绿化小卫士宣传方案（10月）

结合《指南》精神，构建园本课程，为帮助幼儿养成亲近自然、喜欢探究的意识，引导幼儿在小镇活动中，通过小镇自然物的变化感受、感知和理解季节的变化特点。10月小镇绿化小卫士招聘安排如下：

活动目标：

1. 喜欢接触大自然，对金秋北京的植物感兴趣，有好奇心和探究欲望。

2. 认识常见的北京秋天的植物以及农作物，在接触自然植物的过程中累计有益的直接经验和感性认识。

3. 愿意参加小镇绿化宣传活动，在活动中能够大致了解自己的岗位职责，知道自己在活动中需要完成的任务。

人员要求	材料准备	十月小镇内容	备注
宣传员：能够认识北京秋天常见的植物，如菊花、桂花、枫叶、银杏	菊花、桂花、枫叶、银杏的图片	欣赏金秋的北京，通过宣传了解菊花、桂花的食用价值；了解北京枫叶、银杏叶的最佳观赏地点并进行欣赏	
引导员：认识北京秋天常见农作物，大致能够理解晒菜干的原因	尼龙绳、白菜、菜干制作步骤图	秋收体验：晒菜干，剥苞米	
收银员：能够点数1到10；能够辨认面值1元、5元及10元的游戏币	 游戏币实物	收银	

（北京市通州区教工幼儿园　杨思丹）

畅游日：

案例一：

工作人员向游客介绍商铺项目及价格后密切关注顾客的动向，当看到顾客交钱准备进行体验后，工作人员跟着顾客进行进一步介绍。在顾客考虑的过程中，工作人员听从了老师的建议，再次向该顾客进行了项目介绍，并询问顾客的意向。在了解顾客的意向后，工作人员进行简单示范后把操作工具交给了顾客，在看到顾客手里有其他商品的情况下，工作人员主动帮助顾客分担，为顾客制造良好的体验感。整个活动过程中工作人员紧密关注该顾客的体验情况，并给予鼓励和适当的帮助。当工具损坏后，工作人员在老师的提示下带顾客进行了其他项目的体验。在顾客体验的过程中，工作人员介绍了项目的由来……

随年着龄和社会经验的增长，幼儿的表达能力也在逐渐增强。该名幼儿通过前期全面、丰富的实地培训，能够理解、掌握商铺内容，并能够自如地表达出来，主动和顾客沟通，有效地介绍商铺活动内容等，通过询问（理解）和介绍（表达），帮助顾客完成了想做的事情，圆满完成此次任务。

支持策略：

1. 在活动小结中肯定幼儿的行为，并请该名幼儿与同伴分享自己的工作经验。

2. 提出问题："一名顾客需要几名服务员？""当有一名服务员进行服务时，其他服务员都可以做些什么？"引导工作人员进行讨论，共同梳理并进行总结，及时记录在《工作手册》中。

3. 邀请该工作人员为后期的工作人员进行培训。

（北京市通州区教工幼儿园　曹瑞玮）

案例二：

小镇活动中，绿化中心开业了，马上迎来了很多小客人。孟青城是绿化中心的宣传员，他带领小客人们来到宣传海报前，说："你们看，这些行为都是不对的，当有不文明的行为出现在我们面前时，我们应该及时制止，并告诉他们，这样做是不对的。"王静媛是绿化中心的服务员，她带领小客人们种下了自己喜欢的小种子。九点半左右何老师来到绿化中心，蹲在花土前问："这是干什么的？"王静媛回答："你可以种自己喜欢的小种子。"何老师问："怎么种呀？"王静媛说："拿这个小杯子，装点土，再浇点水就行了。"小种子在哪里？"何老师问。王静媛一边带领何老师过去一边说"在这里。"何老师选了一粒小黄豆种在了小杯子里。"还用再放点土吗？"何老师问。"不用了，再浇点水就可以了。"王静媛回答道。王静媛带着何老师又去给小种子浇了点水，何老师再次往小杯子里填了些土，说道："再盖上一层小被子吧！"王静媛同意地点了点头。

孟青城是大班的小朋友，在活动中能有礼貌地与人交往；能够通过介绍海报的形式，把客人吸引到绿化中心来；能认真完成自己宣传员的职责，但宣传过程中声音较小，缺乏自信。

王静媛是中班的小朋友，对于种植活动经验较少，需要老师提醒，同时在人际交往与社会适应方面有待提高。

措施：

1. 丰富服务人员的种植经验。

2. 增加培训，使服务员与宣传员明确自己的职责。

3. 制订奖惩方案，在工作中表现突出的人员会得到相应的奖励。

（北京市通州区教工幼儿园　曹瑞玮）

案例三：

小镇活动中，我们负责的区域是咯吱盒，我们班的邢艺昕和高瑄蔓小朋友负责收银和售卖工作。售卖开始了，小朋友们对咯吱盒都很感兴趣，我们的昕昕小朋友开始了她的工作："大家快来看啊，我们的咯吱盒又香又脆，快来买一袋吧，1袋只需要两元钱。"

高瑄蔓："对啊对啊，只需要两元钱。大家快来看看吧！"随后，小朋友们都来买咯吱盒了。高瑄蔓小朋友细心地数着零钱，这时有大班的小朋友询问我们的收银员："我只有一元钱可以买咯吱盒吗？"高瑄蔓小朋友犹豫了一会儿说："可以，但是下次一定要把钱带足够哟！"经过小半天的时间，我们小三班卖出了许多咯吱盒，昕昕和高瑄蔓因此也感觉到了满满的成就感。

邢艺昕是小班的小朋友，在活动中能大胆地与顾客们交流，在工作前也参加了培训，因此她能够很好地与顾客们交流，但是在遇到顾客较多的时候有些胆怯，需要在老师的鼓励下才能与小顾客们正常交流。

高瑄蔓也是小班的小朋友，但是很善于与人交流，在收银过程中，遇到问题能够自己主动解决，擅长和小顾客们交谈。

措施：

1. 前期多鼓励幼儿与班级或其他班级小朋友交往。

2. 增加培训，使幼儿更加重视工作和工作时的耐心。

3. 制订奖惩方案，在工作中表现突出的人员会得到相应的奖励。

（北京市通州区教工幼儿园　杨娇）

案例四：

春节将至，我们小三班做了很多美味的咯吱盒来卖，我带着昕昕和高瑄蔓小朋友去摊位工作。顾客一来，昕昕和高瑄蔓小朋友就赶紧招呼小客人，昕昕负责卖，高瑄蔓小朋友负责收银，小朋友们都工作得特别认真。小顾客很多，昕昕小朋友一边介绍一边请小顾客们品尝，高瑄蔓小朋友也在热情推荐小顾客们买咯吱盒。小班的老师来买了十袋咯吱盒，昕昕小朋友问老师："老师，十袋是多少啊？"高瑄蔓："十袋需要多少钱？"在老师的帮助下小朋友们成功地完成了此次小任务。

分析：

1. 小班小朋友对数字的概念还不是很明确，买的货物多的时候需要老师的帮助。

2. 幼儿遇到问题不能自主解决，需要增加工作经验。

措施：

1. 在之后的培训工作中增强对幼儿数字的培训。

2. 在面对工作中遇到的问题时，引导幼儿自己找到解决办法。

3. 培养幼儿的交往能力。

（北京市通州区教工幼儿园　杨娇）

和美小镇和美讲堂课程体系案例

一、小镇各商铺架构

（一）商铺名称

和美讲堂

（二）经营内容

传统节日节气介绍，传统故事、爱国故事、英雄事迹讲述，主题展品介绍等。

（三）目标

1. 喜欢到讲堂了解自己感兴趣的事物。
2. 讲解员能够有序、连贯、清楚地进行讲解，讲述时语言生动。
3. 在小镇讲堂中能主动倾听讲解员的讲述。
4. 工作人员履行工作职责，客人遵守讲堂规则。
5. 知道国家一些重大成就，热爱自己的祖国。

（四）材料准备

1. 场地要求：场地图片

2. 所需材料

角色材料	经理	工作人员名册、讲堂讲演场次单、工作人员职责与流程图
	报幕员（引导员）	讲演流程、扩音器
	讲解员	演讲稿、演讲材料、扩音器
	收银员（检票）	收银台、检票处、打孔器
	场地管理员	场地清洁、展品布置、听众座椅摆放
操作材料（多指顾客操作）	顾客体验流程	顾客听讲流程图
	陈列品	关于不同讲述主题的相关展品
	互动操作材料	沙盘、触摸电子大屏

（五）商铺职位（基础配置）

岗位	人数	适合年龄	工作内容	和美币
经理	1	5 ~ 6 岁	负责讲堂整体事务安排	3
报幕员	1	4 ~ 6 岁	引导客人落座（离席），按安排流程及讲演内容报幕	2
讲解员	2	4 ~ 6 岁	熟练讲解讲演内容	3
收银员	1	3 ~ 6 岁	收钱、找零、售票、检票	2
场地管理员	1	3 ~ 6 岁	保持场地的干净、整洁，客人离场后及时收整	2

商铺人员关系图：

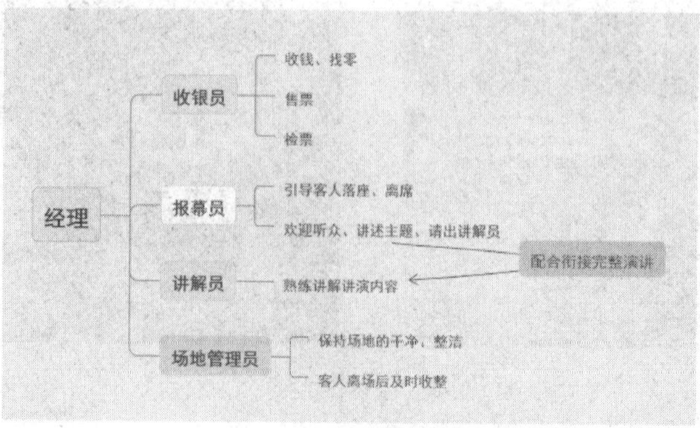

顾客体验流程图：

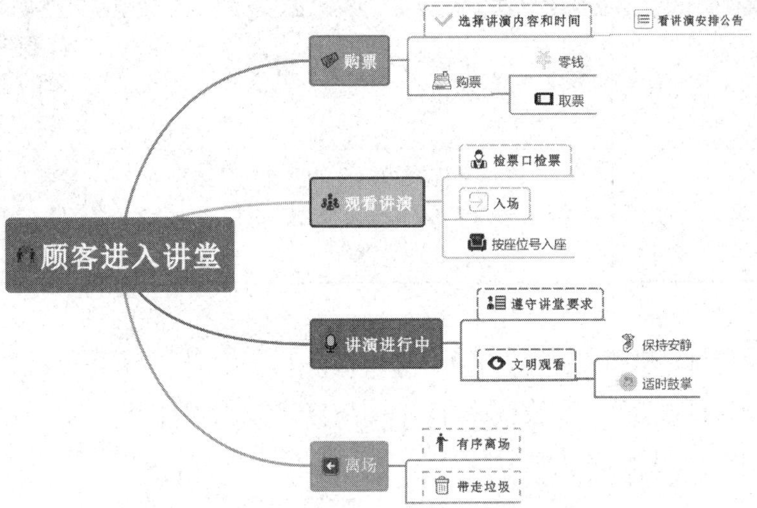

（北京市通州区教工幼儿园　连淼）

二、小镇活动组织：

和美讲堂开业季招聘方案

和美讲堂开业在即，为了丰富幼儿的认知能力和语言理解、表达能力，凸显和美小镇微社会实践活动的价值，为幼儿提供展示的机会和平台，我们展开了和美讲堂开业招聘活动，只要对讲堂感兴趣、乐于表达和表现的幼儿均可参加，具体招聘安排如下。

招聘时间：9月第一周上午9:00—11:00

招聘地点：幼儿园和美讲堂

具体招聘岗位及要求：

岗位	人数	适合年龄	工作内容	和美币	要求
报幕员	1	4～6岁	引导客人落座（离席），按安排流程及讲演内容报幕	2	声音洪亮、表达流利，与讲解员做好衔接
讲解员	1	4～6岁	熟练讲解讲演内容	3	背熟讲解稿，讲解自然，能回应观众简单的问题

续表

岗位	人数	适合年龄	工作内容	和美币	要求
收银员	1	3～6岁	收钱、找零、售票、检票	2	认识钱币，会简单的加减法，能准确收钱、找零
场地管理员	1	3～6岁	保持场地的干净、整洁、客人离场后及时收整	2	熟练使用清洁工具，观众离场后及时、主动清洁

招聘准备材料：招聘登记表、试讲内容、话筒、钱币、清洁工具

应聘准备材料：简历、自我展示内容、对应应聘岗位的技能

招聘登记表：

应聘人员	应聘岗位	评价	联系方式
		☆☆☆☆☆	

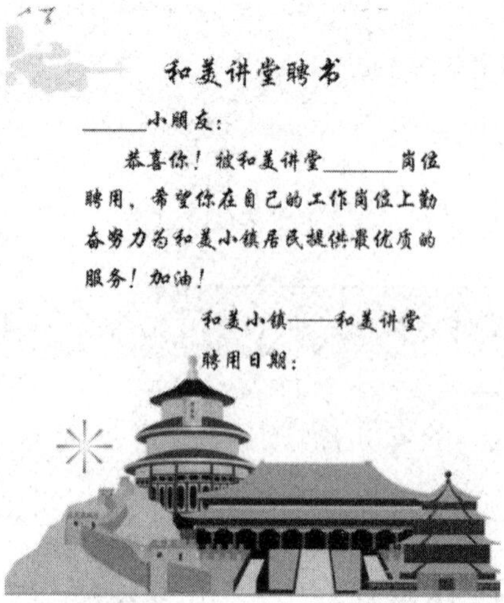
和美讲堂聘书

____小朋友：

恭喜你！被和美讲堂____岗位聘用，希望你在自己的工作岗位上勤奋努力为和美小镇居民提供最优质的服务！加油！

和美小镇——和美讲堂

聘用日期：

（北京市通州区教工幼儿园　连淼）

培训周：

和美讲堂开业季培训方案

为了和美讲堂的工作人员能更好地服务小镇居民，招聘工作完成后我们将开启培训活动，针对此次开业季的活动内容对工作人员做专项培训，不仅让工作人员清楚自身的职责，认真履行工作内容，更注重他们之间的工作配合，以便带给观众美好的聆听体验。具体培训安排如下：

培训时间：9月第二周下午2:30—3:30

培训地点：大一班、和美讲堂

培训安排：

和美讲堂培训说明

培训内容	形式	实现目标定位	资源利用	备注
学习讲堂礼貌引导语	集体学习	熟练地使用礼貌用语引导观众入场、落座，使讲堂活动有序开展	生活经验迁移	场景模拟
讲解的语音、语调、站姿、坐姿	分组学习+实践	讲解员的坐姿、站姿和讲解手势大方自然，讲解内容流利、清晰	到博物馆等地实践观摩	家长资源
钱币的使用	学习+实践	正确、熟练地进行收钱、找零，并最终做好营业额统计工作	模拟演练	银行实习
清洁工作的时间与内容	实践	熟练使用清洁工具，知道待观众离场后应快速清洁，给后面的观众提供良好的观看体验	班级值日生工作实践	班级值日生

（北京市通州区教工幼儿园　连森）

集体教学活动：

活动一：

领域：社会

活动名称：最美北京畅游宣传

活动目标：

1. 愿意参与最美北京畅游活动宣传设计。

2. 尝试与同伴合作设计可实施的宣传方案。

活动重点：愿意参与最美北京畅游活动宣传设计。

活动难点：尝试与同伴合作设计可实施的宣传方案。

活动准备：纸、笔。

活动过程：

开始环节：谈话导入，引出宣传主题

月底又要开始我们的小镇畅游活动了！大家知道本月的主题是什么吗？

基本环节：愿意参与最美北京畅游活动宣传设计。

结合国庆节我们的畅游主题“最美北京”，我们的小讲堂可以做些什么呢？

重点环节：尝试与同伴合作设计可实施的宣传方案

共同梳理幼儿讨论的小讲堂讲演内容。

提示幼儿考虑疫情的因素设计宣传方案，便于实施。

分组针对讲演内容进行宣传设计，教师巡视观察幼儿的设计讨论。

结束环节：票选最终设计方案

各组分享自己的宣传方案，说明设计思路和宣传亮点。大家投票选出最终的宣传方案加以实施。

（北京市通州区教工幼儿园　张春悦）

活动二：

领域：社会

活动名称：我们的小讲堂

活动目标：

1. 喜欢参与小讲堂的筹划活动，积极表达自己的想法。

2. 能根据实际情况制订可行的计划。

活动准备：幼儿的相关经验，了解我们的北京、运河。

活动重点：喜欢参与小讲堂的筹划活动，积极表达自己的想法。

活动难点：能根据实际情况制订可行的计划。

活动过程：

导入环节：激发幼儿的讨论兴趣

1. 展示原来和美小讲堂的人员工作照。

2. 询问你想不想到小讲堂工作。

开始环节：积极追问引发幼儿对小讲堂的设计筹划

1. 你想参与小讲堂的什么工作？本次畅游我们的小讲堂需要做些什么？

2. 你想怎样工作？需要准备什么？（用每个具体的职位引发幼儿思考）

重点环节：能根据实际情况制订可行的计划

1. 我们可以准备哪些讲解材料呢？我们班级里有没有能够用得上的东西？

2. 引导幼儿结合班级现有的资源进行整合利用。

3. 帮助幼儿梳理讨论结果，进行排序补充。

结束环节：延伸

回去继续进行本次小讲堂的讲解材料搜集，丰富讲解内容。

（北京市通州区教工幼儿园　张春悦）

活动三：

领域：社会

活动名称：快乐的畅游日

活动目标：

1. 喜欢与同伴参与畅游日的快乐体验活动。

2. 在活动过程中主动遵守规则，文明畅游。

活动准备：幼儿了解畅游日的各个环节和活动区域与规则，会使用钱币。

活动重点：喜欢与同伴参与畅游日的快乐体验活动。

活动难点：在活动的过程中主动遵守规则，文明畅游。

活动过程：

导入环节：谈话导入，引出畅游活动

1. 出示和美小镇导览图，这是什么？逐一了解小镇的体验区域为制订畅游计划做好准备。

2. 调动幼儿参与畅游体验活动的积极性。

基本环节：喜欢与同伴参与畅游日的快乐体验活动

1. 结合“我的畅游计划”与同伴进行分享，说说自己想去的地方以及畅游安排。

2. 有结伴去的幼儿分享结伴的原因和好处。

重点环节：在活动的过程中主动遵守规则，文明畅游

1. 在参加畅游活动时我们应该注意什么？要做到哪些事情？

2. 梳理幼儿说的注意事项，遵守规则、注意安全。

结尾环节：希望大家有快乐的畅游体验，活动结束后分享。

（北京市通州区教工幼儿园　连淼）

区域活动：

图书区：小小讲解员

目标：学习讲解的语气、语调和手势、姿势等。

材料：视频观摩、话筒、录音笔

指导：鼓励幼儿运用录音笔将自己的讲解录下来，自查问题并加以调整。

图书区：红色故事

目标：愿意在同伴面前生动地讲述红色故事。

材料：故事海报、相关实物

指导：鼓励幼儿配合道具进行讲述，通过语气、语调的变化吸引小听众。

表演区：讲解模拟

目标：愿意在班级活动区进行试讲，接受别人的合理建议。

材料：讲堂模拟场景、评价表

指导：录制幼儿的试讲视频，一起回顾并进行调整。

家长资源：

1. 鼓励家长带幼儿到真实生活中去使用钱币进行小额消费。

2. 到博物馆等地实际观摩讲解员的讲解情况。

（北京市通州区教工幼儿园　连淼）

和美讲堂最美北京畅游宣传方案

为了更好地落实《指南》精神，构建幼儿园园本课程，同时结合幼儿园和美小镇主题畅游日活动，开展“最美北京”畅游活动宣传，为了让更多小镇居民了解和喜爱我们的家乡，提高幼儿与同伴合作、交流、分享的能力，感受微社会实践活动的快乐，具体宣传安排如下：

宣传时间：10 月第三周

宣传地点：线上、和美讲堂

宣传安排：

<table>
<tr><th>宣传地点</th><th>宣传内容</th><th>宣传形式</th><th>宣传负责人</th><th>备注</th></tr>
<tr><td>线上</td><td rowspan="2">1. 最美北京讲堂讲解内容
2. 北京、运河艺术品展示
3. 精彩讲解赏析</td><td>视频
直播</td><td>连淼</td><td>视频生成
二维码</td></tr>
<tr><td>线下</td><td>海报
实地讲解</td><td>张春悦</td><td>提前制作
海报</td></tr>
</table>

（北京市通州区教工幼儿园　连淼）

畅游日：

案例一：

和美讲堂的讲解员李梓涵和王思予在接待她们最后一批小客人，在这之前李梓涵小朋友由于没有练好，在台上很紧张地忘记了小镇公约的内容，我发现李梓涵很着急不知道该怎么办了，于是问她：“你擅长什么呀？”李梓涵挠挠头说：“老师，我擅长古诗可以给小朋友们背诵古诗。”王思予很流利地在为小客人们讲解了关于中秋节的故事《嫦娥奔月》，李梓涵则为小客人们背诵了关于中秋节的古诗。

支持策略：

1. 回班进行小结，让小朋友共同探讨解决问题的办法。

2. 用有意思的方式帮助幼儿记忆较长的背诵内容。

3. 鼓励幼儿在遇到困难的时候可以大胆寻找解决的办法。

（北京市通州区教工幼儿园　刘微）

案例二：

最美中国年的讲堂活动就要开始了，只见小雨穿着新年的红色大褂手持话筒站在讲桌的侧面准备上台，他神情略显紧张。这是他第一次登上讲堂成功应聘讲解员，为此我常常看到他在图书区活动的身影，关于年的图书总是出现在他手上。当报幕员说完介绍词后，小雨紧握着话筒登上了讲台，他用眼神扫向台下，在大家的注视中缓缓开口了："今天在开讲前我得跟大家说一句过年好！"随着"过年好"声调的提升现场的气氛一下子带动起来了，接着小雨说到"今天我要给大家讲讲关于年的事，相传……"小雨熟练地在台上讲着他准备的滚瓜烂熟的演讲词，下面的小听众也听得津津有味，可以明显感受到小雨越讲越自然，小雨为大家奉献了一场精彩的讲堂演讲。

分析

1. 小雨一直想成为一名讲堂的讲解员，他非常重视这次活动。

2. 小雨紧紧握着话筒，表情严肃，他还是非常紧张的。

3. 在日常，小雨积累了很多关于年的知识。

4. 大家的认真聆听让小雨获得了自信。

措施：

1. 给予小雨充分的肯定，帮助他树立信心。

2. 可以让小雨回看自己的演讲视频，在获得自我成就感的同时发现自己的不足，主动做出调整。

3. 建议小雨加上与观众互动的环节，例如提问等，让演讲的整体氛围更加活跃。

（北京市通州区教工幼儿园　连淼）

案例三：

薇薇担任讲堂展区讲解员。中国的近代从 1840 年鸦片战争爆发到 1949 年中华人民共和国成立是充满灾难、人民生活最艰难困苦的一段时期，在一遍遍讲解中她不断重温这段历史。"现在我们的生活这么美好，都是那些小英雄和烈士为我们争取的。"薇薇自己说，她要把这些讲给更多小朋友听，让大家都了解我们中国的过去，珍惜现在的美好生活。中班来了两位小朋友，薇薇赶紧打开身上的扩音器，从图片到故事再到展品，一一为两位小顾客进行细致介绍，小顾客也听得特别认真，随着薇薇手上的动作看着一件件展品。薇薇讲解得非常熟练，送走两位顾客后她一直站在讲堂的门口等待接下来的听众。

薇薇非常重视讲堂讲解员这份工作，妈妈给了她很多支持，与她一起查阅资料，所以她在了解了中国的苦难史后更坚定了要做好讲解员的信心，在解说过程中她的解说词非常熟练，并且有自己设计的讲解路线。

措施：

1. 肯定薇薇在讲解员岗位上的优秀表现，树立榜样，为小朋友分享讲解心得。

2. 继续拓展自己的知识积累，能够与听众进行积极互动，回答听众的问题。

（北京市通州区教工幼儿园　连淼）

和美小镇创意吧实践案例

一、小镇各商铺架构

（一）商铺名称

和美创意吧

（二）经营内容

湿拓画、点画、晕染画、转盘画

（三）目标

1. 能够利用多种途径，感受并表达故事内容。
2. 大胆利用多种艺术形式对头饰进行装饰。
3. 在活动中能够大胆与同伴交流、分享故事。
4. 愿意参与畅游日活动，并能感受到微社会实践活动的快乐。

（四）材料准备

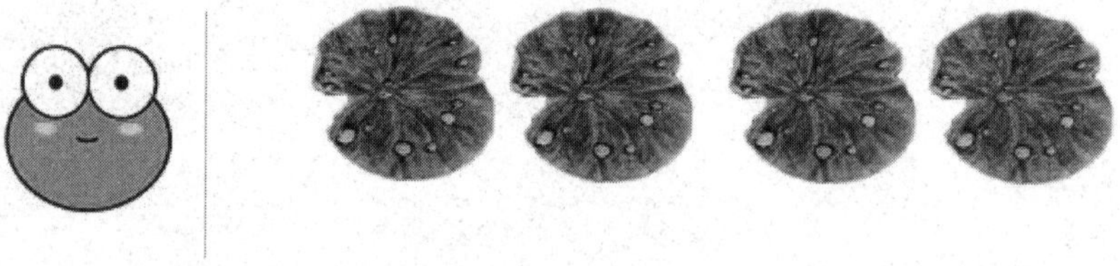

1. 场地要求：场地图片

2. 所需材料

角色材料	经理	评价表、耳麦
	收银员	零钱
	服务员	扎染服饰
操作材料（多指顾客操作）	艺术创作材料	青蛙头饰
	操作材料	操作图

（五）商铺职位（基础配置）

岗位	人数	适合年龄	工作内容	和美币
经理	1	5 岁	统筹创意吧工作，负责工作人员的售后评价	2
收银员	1	3 ~ 6 岁	负责收银，了解商铺的经营项目	2
服务员	3	3 ~ 4 岁	负责领位，把顾客带到指定的游戏地点	2

商铺人员关系图：

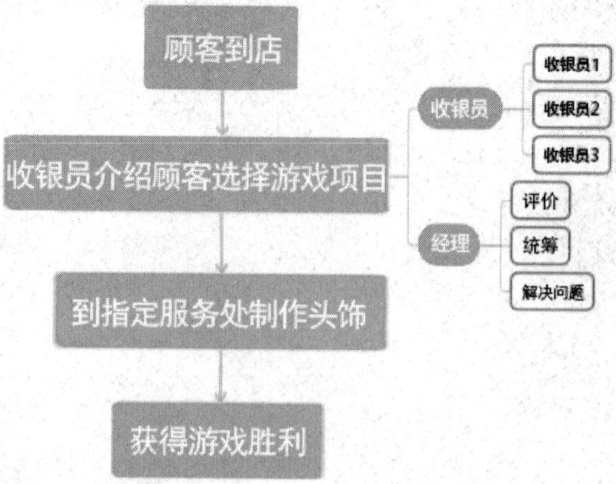

顾客体验流程图：

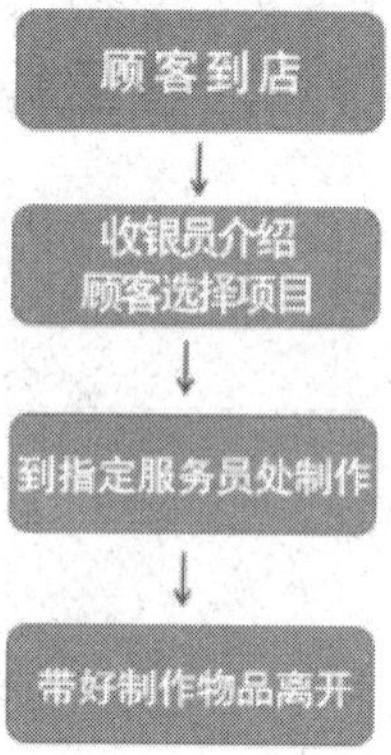

（北京市通州区教工幼儿园　胡雪辰）

快乐畅游日：

招聘周：招聘方案、招聘中的案例

岗位	适合年龄	工作内容	和美币
安全员	5 ~ 6 岁	负责顾客的安全及注意事项	1
讲解员	5 ~ 6 岁	宣传讲解老北京的物件，能够解答顾客的问题	1
引导员	5 ~ 6 岁	负责给顾客指引参观的路线	1

注：这里的招聘多指各商铺对外招聘的人员。

二、小镇活动组织

招聘周：

畅游日招聘方案

为了更好地落实《指南》精神，构建幼儿园园本课程，更有秩序熟练地开展创意吧，提高创意吧员工素质，广纳人才，即开展本次招聘活动，具体活动安排如下：

活动目标：

1. 愿意为他人服务，体验为他人服务的快乐。

2. 活动中能够主动与他人交流。

3. 能够解决活动中出现的问题。

活动时间：2021.5

具体安排：

招聘人员	招聘人员的准备	材料的准备
引导员	1. 简历 2. 自我介绍 3. 说一说引导员的流程	评价表、招聘表、招聘问卷人员牌
安全员	1. 简历 2. 自我介绍 3. 教师现场提问，幼儿现场答题	评价表、招聘表、招聘问卷、人员牌

岗位	适合年龄	工作内容	和美币
安全员	5 ~ 6 岁	负责顾客的安全及注意事项	1
引导员	5 ~ 6 岁	负责给顾客指引参观的路线	1

（北京市通州区教工幼儿园　赵磊）

招聘案例：

招聘活动开始了，从连廊处跑过来一个小女孩，她过来问道：“老师，您这里是创意吧吗？”老师回答：“对呀，你要参加应聘吗？”小女孩说：“对呀，我要应聘服务员。”老师说：“好啊，那你自我介绍一下吧。”小女孩说：“我是中一班的晶晶，我上一次就在小镇活动里当工作人员啦。我很会宣传的。”说完她就把简历递给了老师。我问她：“那你知道服务员的工作任务是什么吗？”她说：“我知道呀，为顾客服务。”我说：“那要是有顾客问你这个多少钱，能不能便宜点，你怎么说？”她说：“我会告诉他这个的价格就是这样的，便宜不了，但是它很好吃的，你们可以看一看，尝一尝，再决定买不买。”

（北京市通州区教工幼儿园　胡雪辰）

培训周：

和美创意吧培训说明

培训内容	形式	实现目标定位	资源利用	备注
岗前培训	集体教学活动	对这次活动中的展品感兴趣，有所了解。	PPt	
了解活动意思	区域活动	了解举办这次活动的意义	美工区	
收集展出要用到的物件	家长资源	了解物件的含义	班级微信群	
明确自己岗位的职责及任务	员工培训	让员工明确自己的职责	PPt	

宣传周：

10月小镇“最美北京”宣传方案

《指南》中在“社会适应”方面提出指导思想：“经常和幼儿一起参加一些群体性的活动，让幼儿体会群体活动的乐趣。”结合《指南》的精神，开展了小镇活动：最美北京，展中有沙燕、毛猴、兔爷等多种老北京工艺品，能让幼儿了解更多的文化。活动具体安排如下：

活动目标

1. 愿意参与幼儿园的活动，了解更多文化。

2. 喜欢并适应集体生活，对群体活动有兴趣。

3. 对活动中的售卖方式感兴趣，有好奇心和探究欲望。

4. 在活动中能够在老师的引导下进行操作，愿意与同伴交流，能感受微社会活动的乐趣。

三、活动安排

活动时间：2021 年 10 月

途径	班级	小镇
物品准备	1. 家长从家中带来与老北京文化相关的展品 2. 收集展品	码放相关展品、宣传海报、订单、桌椅
活动内容	培训当售票员的幼儿，让他了解售票员的意义，以及他的工作内容	以售出门票的形式进行展览，供游客参观
分工协作	1. 宣传组：宣传商铺商品，包括来历等 2. 售票员：售卖创意吧门票	服务员（2 人）：向顾客宣传，并填写订单

（北京市通州区教工幼儿园　胡雪辰）

畅游日：

案例一：

顾新雨上个月已经有了一次当售票员的经验，所以这次的和美小镇活动，她就显得比上次自信很多，主动报名来当宣传员，自己在家也做了充分的准备。新雨妈妈早上说：“新雨今天来幼儿园可高兴了，昨天晚上就把参加和美小镇的衣服准备好了，还给我们介绍了好多饼干。”吃完早饭新雨期盼的和美小镇时间到了，小朋友们在老师的带领下来到了自己的商铺。当开始活动的音乐响起，孩子们就开始了自己的快乐时光，新雨自信地站在商铺的门前，一分钟、两分钟过去了，怎么一个人都没有，新雨开始着急了：“赵老师，怎么一个人都没有？他们都不进来。”我说：“那怎么办啊？”新雨突然说：“我有办法了。”新雨开始大声吆喝起来：“快来呀，快来呀，这里有好吃的饼干，还有很多可爱的造型，限时抢购啦！”这时来了好多客人，新雨问：“你喜欢哪个饼干？”顾客问：“这个饼干好吃吗？”新雨回答：“当然好吃了，我们班的小朋友都可爱吃了。”顾客开始犹豫着，新雨说：“这样吧，我给你打开一个，你可以尝一小块。”大家一看可以品尝，就都过来。新雨说：“你们都来尝，要是觉得好吃就来买啊！”

新雨已经有过一次小镇商铺服务人员的经验，所以她遇到困难能主动想办法，也敢于跟顾客交流，还有就是在家里也做了充分的准备，对售卖也有一定的经验。

支持策略：

1. 让新雨分享自己的方法，让全班小朋友学习。

2. 可以请新雨当培训师，让她给需要帮助的小朋友做培训。

3. 平时再多丰富一些小朋友的交流语言。

（北京市通州区教工幼儿园　赵磊）

案例二：

小五班的小朋友第一次参与到和美小镇活动中，表现出很大的兴趣。胡月小朋友竞选成为和美创意吧的售票员，刚开始时她有些手足无措，不知道应该做些什么，来顾客了不知道怎么招呼，眼看着一个顾客接着一个顾客地排队，很着急。她来找我：“赵老师，过来帮帮忙吧，来了好多顾客，我都不知道怎么办了。”她边说边把我领了过来，我来充当她的角色，开始招呼客人，给她展示了整个过程，通过观察她逐渐熟悉了工作内容。

熟悉工作后胡月向客人介绍创意吧都有哪些活动，询问顾客想玩什么。客人指着创意吧画画的机器说道：“我想画这个，可以吗。”胡月说道：“可以啊，但你要先买票哟，两块钱。”顾客拿出两块钱递给胡月。胡月说道：“好啦，你可以进去啦！”顾客拿着券进入了创意吧，将券交给了制作员。胡月继续接待下一位顾客。

幼儿首次作为工作人员参与和美小镇的社会实践活动，能够充分融入自己的角色，具备良好的学习能力，通过模仿学到了自己需要的工作内容。能够大胆与顾客进行沟通，使用简单的礼貌用语。但对收银员的职务并不太清楚，因为小班的孩子接触得比较少，胆子也比较小，看见大点的哥哥姐姐也有些害怕，不敢跟他们交流，只能找老师帮忙。

措施：

1. 家园共育，让幼儿能够实地参观售票员职务，了解售票员的具体工作内容。

2. 丰富幼儿招待顾客的语言，鼓励幼儿大胆用恰当的语言进行表达。

3. 适当引导幼儿解决一些活动中发生的冲突。

4. 录一段大班哥哥姐姐的视频，引导幼儿学习。

5. 开展集体教育活动，进行情景演示。

（北京市通州区教工幼儿园　胡雪辰）

案例三：

小镇活动中，我们负责的区域是十三宝饼干屋，我们班的苗思远和顾昕雨小朋友负责收银和售卖工作。售卖开始了，小朋友们对十三宝饼干都很感兴趣，顾昕雨小朋友开始了她的岗位工作。顾昕雨小朋友说："大家快来看啊，我们的十三宝饼干香香甜甜的，可好吃了，快来买一袋吧，一袋只需要两元钱。"

苗思远说："对啊对啊，只需要两元钱。大家快来看看吧！"随后，小朋友们都来买饼干了。苗思远小朋友细心地数着零钱，这时有大班的小朋友询问我们的收银员："我只有一元钱，可以买饼干吗？"苗思远小朋友犹豫了一会儿说："可以，但是下次一定要把钱带够哟。"经过小半天的时间，小五班卖出了许多饼干。

苗思远是小班的小朋友，在活动中能有礼貌地与人交往：能够通过介绍海报的形式，把客人吸引到店铺来；能认真完成自己收银员的职责，但在工作过程中声音较小，缺乏自信。

措施：

1. 丰富服务人员的经验。

2. 增加培训，使服务员与收银员明确自己的职责。

（北京市通州区教工幼儿园　胡雪辰）

案例四：

陈坤是第一次参加和美小镇活动，在此次活动中担任引导员。我找了一个大班孩子带领他引导小顾客体验创意吧的游戏。在这个过程中他有一些不知所措，但是通过观察，我发现他虽然不会说但是很会解决问题，比如在小顾客画画的时候颜料没有了，她会主动把颜料给小顾客；当小顾客不知道应该把垃圾投放在哪个垃圾桶的时候，她也会积极帮助小顾客。在最后的结束活动里，小顾客需要笔，他很熟练地把笔拿起来，并且还把笔帽拔了下来才交给小顾客。

陈坤是一个善于观察的孩子，并且很爱帮助他人。他还是一个执行能力特别强的孩子，且做事情也想得很周到，但在人际沟通方面比较弱，虽然敢说但由于年龄特点不知如何表达。

措施：

1. 平时多用完整句式与他交流。

2. 让大班引导员多带带他。

3. 生动地给孩子讲故事。

4. 下次活动提前把一些宣传语言传授给孩子。

（北京市通州区教工幼儿园　赵磊）

和美小镇搭建体验屋课程体系案例

一、小镇各商铺架构

（一）商铺名称

恐龙搭建体验屋——成长记

（二）经营内容

搭建游戏是融思维、操作、艺术、创作于一体的活动，幼儿园的每一个建筑都见证着我们的成长。通过搭建这些建筑，提升审美水平和培养创作意识。在成长记活动中，幼儿在搭建体验屋搭建印象中的幼儿园，体验搭建的乐趣！

（三）目标

1. 尝试在游戏情境中进行有目的的搭建。
2. 探索发现碳化积木或其他积木因不同的连接方法而呈现的奇妙变化。
3. 愿意参与小镇活动，并能感受到微社会实践活动的快乐。

（四）材料准备（图片）

1. 场地要求：场地图片（一张空镜、一张活动照片）

2. 所需材料：

角色材料	经理	工作牌、工作服、耳麦、员工手册
	收银员	工作牌、工作服、耳麦、算术卡片（珠子）、游戏币、筐、零钱
	服务员	工作牌、工作服、耳麦、手套、安全帽
	安全员	工作牌、工作服、耳麦、手套、安全帽、安全指示牌
操作材料（多指顾客操作）	碳化积木	适量的废旧物品可用来拼搭喜欢的建筑。
	废旧低结构材料	可用来搭建自己喜欢的建筑、物品等。
	辅助材料	可用来搭建自己喜欢的建筑、物品等。

（五）商铺职位（基础配置）

岗位	人数	适合年龄	工作内容	和美币
引导员	2	4 ~ 5 岁	帮助、引导顾客体验搭建体验屋，帮助顾客、商铺解决力所能及的问题（例如告知顾客商铺所在位置等）	2
经理	1	4 ~ 5 岁	协助引导员解决商铺中出现的问题	2
安全员	2	4 ~ 5 岁	有安全意识，可以帮助维持现场秩序	2
检票员	1	4 ~ 5 岁	负责检票，让顾客有序进入场地	2
指导员	1	4 ~ 5 岁	指导顾客进行搭建，最终顺利完成搭建	2

商铺人员关系图：

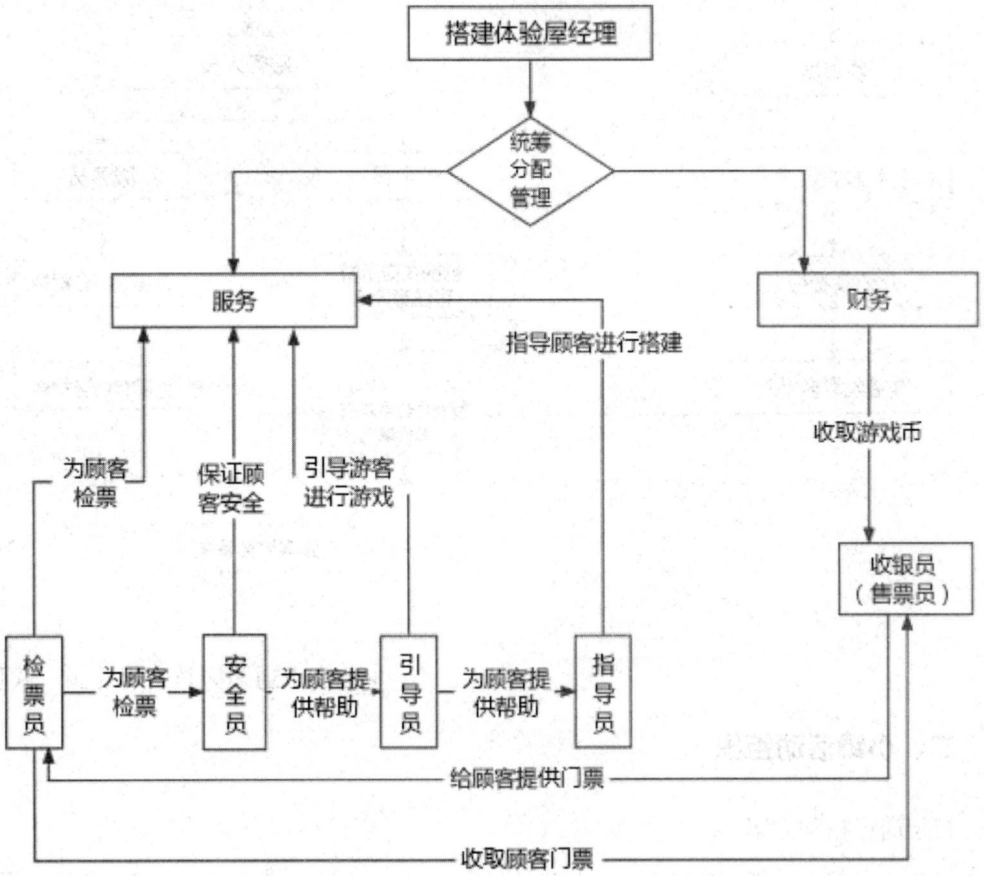
搭建体验屋经理
统筹
分配
管理
服务
财务
指导顾客进行搭建
收取游戏币
为顾客
检票
保证顾
客安全
引导游客
进行游戏
收银员
（售票员）
检
票
员
为顾客
检票
安
全
员
为顾客提
供帮助
引
导
员
为顾客提
供帮助
指
导
员
给顾客提供门票
收取顾客门票

顾客体验流程图：

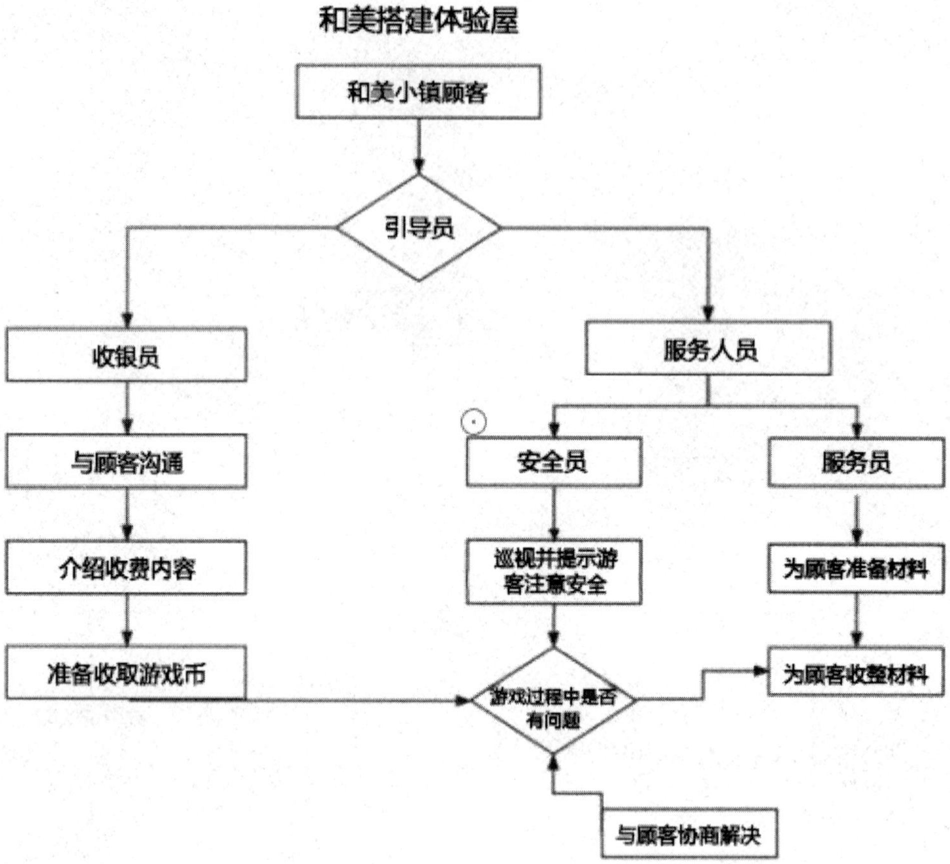

（北京市通州区教工幼儿园　武玥）

二、小镇活动组织

招聘周：招聘方案

每个孩子都是一棵鲜嫩的幼苗，只有不断浇灌才会长出灿烂的花朵，结出丰硕的果实。孩子的特长需要挖掘，孩子的兴趣爱好需要培养。为了给孩子们搭建一个展示自我、张扬个性的舞台，应以幼儿的兴趣为出发点，让幼儿亲身体验成长的快乐和自己动手的乐趣。结合我们的搭建体验屋，及本班幼儿的年龄特点，开展快乐“建”成长主题活动。

小镇活动安排如下：

一、活动目标

1. 愿意并能主动参加群体活动。

2. 能感受到自己成长的喜悦。

3. 愿意自己的事情自己做。

二、具体安排：

成长记活动准备	活动内容	方式	负责人员
活动前准备	1. 成长记制作 2. 制作招聘海报	亲子制作 集体讨论 海报	家长 中一班幼儿 武老师
收集活动	收集成长记的相关图片、资料	收集简历	中一班幼儿及家长 刘老师 恽老师
和美小镇招聘活动	1. 布置招聘环境 2. 招聘相关工作人员	集体培训	刘老师 恽老师 中一班幼儿
活动小结	1. 整理资料：方案、照片、视频。 2. 成长记招聘活动小结。	收集 小结	武老师 刘老师 恽老师 中一班幼儿

岗位	人数	适合年龄	工作内容	和美币
引导员	2	4 ~ 5 岁	帮助、引导顾客来洗衣房体验	2
警察	5	4 ~ 5 岁	帮助顾客、商铺解决力所能及的问题（例如告诉顾客商铺所在位置等）	2
经理	1	4 ~ 5 岁	协助引导员解决商铺中出现的问题	2
安全员	2	4 ~ 5 岁	有安全意识，可以帮助维持现场秩序	2

（北京市通州区教工幼儿园　刘垚）

培训周：

培训方案：

搭建游戏是融思维、操作、艺术、创作于一体的活动，是幼儿阶段不可缺少的一种体验。在搭建游戏中，幼儿既能获得大量数、形、空间的核心体验，又能在搭建和拼插建构材料的过程中，发展动作技能，提升审美水平和培养创作意识。在穿越畅游日活动中，幼儿通过重走长征路的游戏走进革命老兵的光荣事迹，根据不同年龄特点，幼儿来到搭建体验屋体验搭建的乐趣！

小镇活动具体安排如下：

一、活动目标

1. 让孩子们身临其境地感受，传承优秀的文化传统。

2. 体验不同的传统文化。

3. 愿意与同伴交流，能感受到活动的乐趣。

二、具体安排：

穿越日活动准备	活动内容	方式	负责人员
活动前准备	1. 了解重走长征路的相关知识 2. 制作招聘海报	亲子调查 调查表 集体讨论 海报	家长 中一班幼儿 武老师
收集活动	1. 收集重走长征路的相关资料 2. 个人简历	老北京建筑照片 收集 简历	中一班幼儿及家长 刘老师 恽老师
和美小镇招聘活动	1. 布置招聘环境 2. 对相关工作人员进行培训	集体培训	武老师 刘老师 恽老师 中一班幼儿
活动小结	1. 整理资料：方案、照片、视频 2. 穿越日培训活动小结	收集 小结	武老师 刘老师 恽老师 中一班幼儿

教学活动：《我在成长》

一、活动目标

1. 使幼儿在观察比较的一系列活动中，体验到自己的成长，初步理解成长的含义

2. 能用连贯清晰的语言表达自己的思想；发展幼儿的观察力、记忆力和思维能力

二、活动准备

1. 录像：《母亲与婴儿》。

2. 准备婴儿的衣鞋帽等、长方形图画纸若干、彩笔若干、硬纸盒一个。

3. 请家长配合，给幼儿讲一些小时候的事，并让幼儿带一件自己小时候的物和一张小时候的照片。

三、活动过程

（一）谈谈以前的我

1. 播放婴儿的啼哭声，引发幼儿的关注。

2. 引导幼儿观看“小时候的我”。（图片）

3. 让幼儿根据自己带来的物品，谈谈自己小时候的事。

（二）看看现在的我

1. 观看婴儿图片，让幼儿与婴儿比比小手、小脚、小脸和身高，发现自己现在的变化。

2. 请几个幼儿上前试试婴儿的小衣服、小鞋子、小手套、小帽子，进一步体会到自己长大了。

3. 想想现在我们除了身体上有变化，还有其他变化吗？（会自己吃饭、睡觉、走路、穿衣，会说话，还会帮妈妈做事，等等。）

小结：现在的我不仅长高长大了，而且还懂事多了，能干多了。

（三）想想将来的我

1. 老师和你们有什么不一样？（高大一些，懂得很多知识，会做很多事情，力气很大，等等。）

2. 老师小时候也和你们一样，为什么会有这些变化呢？（引导幼儿思考、讨论）使幼儿知道自己将来还要长大。只要好好吃饭睡觉，认真学习锻炼，就能不断长身体、长知识，将来就能和老师、爸爸妈妈、叔叔阿姨一样，做一个对社会有用的人。

3. 想一想，你们长大以后想干什么？

（四）记录“将来的我”

发给幼儿表格，让他们把自己的理想记录在表格里，回家讲给爸爸妈妈听。

（北京市通州区教工幼儿园　刘垚）

幼儿园中班教案《穿越树林》

活动目标：

1. 通过游戏“穿越森林”，能快速绕过障碍物向前跑，培养幼儿的动作灵敏性及协调能力。

2. 能积极主动参与游戏，体验游戏的快乐。

3. 提高动作的协调性与灵敏性。

4. 喜欢与同伴合作，体验运动的挑战与快乐。

活动准备：户外迷宫树林场地、奖励标签、粮食。

活动过程：

一、准备活动——听音乐做动作

教师喊口令，幼儿进行快走、慢走、跑；前进后退走、跑；手臂、腿部舒展活动。

二、基本部分

1. 游戏：小小解放军

带领幼儿到树林处，直接导入：今天我们来做小小解放军，我们的任务是去打鬼子，可是途中我们要经过树林，为了能在短时间内到达目的地，我们要快速穿过树林。

全班幼儿站在起跑线后，当发出起跑信号后，两队的第一个幼儿就按图示向前跑，跑到终点后，再从旁边跑回拍一下下一个幼儿的手，依次进行（游戏进行一次）。

2. 规则：跑时不得碰倒边上的物品，如碰倒，就算失败。

3. 游戏：树林送粮食

a. 分两队，拿好粮食袋子从起点出发经过迷宫陷阱路，钻过拱形门，将粮食送到阵地（对面筐里），看谁运得又快又多。

b. 规则：要侧身钻过拱门。

c. 游戏进行 2 ～ 3 次。

三、结束部分

放轻松舒缓的音乐，庆祝胜利，共同跳舞。

小百科：树林通常指范围比树丛大而比森林小的成片生长的许多树木。

（北京市通州区教工幼儿园　武玥）

区域活动：

名称：科学区

目标：1. 练习 10 以内点数。

2. 认识钱币。

材料与指导：关于点数的相关教具。指导幼儿正确点数。

名称：图书区

目标：1. 有序地收放图书，知道爱惜图书。

2. 有规则意识，逐步按照幼儿提出的规则进行游戏。

材料与指导：准备跳蚤节要售卖的图书，并为图书做好标志，让幼儿按标志收图书，提示幼儿进区人数为 5 人。

名称：表演区

目标：1. 表演红色历史故事。

2. 能充分利用道具进行自我装扮。

材料与指导：准备服装，鼓励幼儿大胆表现自己，懂得合作。

名称：美工区

目标：愿意尝试用多种材料制作重走长征路的装饰品。

材料与指导：教师为幼儿准备一些低结构材料和一些装饰类材料，引导幼儿用多种材料表现酷宝。

（北京市通州区教工幼儿园　武玥）

培训案例一：

今天早上，搭建体验屋迎来了成长记的活动，准准担任的是游戏规则介绍员，老师带着准准来到搭建体验屋，让准准了解穿越火线的游戏规则。准准看到了场景以后，跟老师说："老师，这个地方很好玩，我可要跟小朋友好好介绍。"但是当老师介绍完一遍以后，准准记不住每个地方的小故事和游戏规则，于是想到回家跟爸爸妈妈再练一练，请老师把重走长征路的照片发给他妈妈。

（北京市通州区教工幼儿园刘垚）

培训案例二：

今天早上，搭建体验屋迎来了最美中国年活动，准准担起了小销售员的工作。准准问老师："老师，我应该怎样介绍我们售卖的物品呢？""你可以用你的方式来说一下我们年年有鱼的做法还有寓意，让小朋友对咱们售卖的小鱼很感兴趣才可以。你想一想如果是你来买小鱼，怎样你才会买呀，是不是首先我们的小鱼是很漂亮的，其次说它的寓意很好。”准准很自信地说：“没问题，我知道了。”但是再说的时候还是有些不连贯，于是我们让妈妈回家鼓励孩子继续练习，果然第二天孩子就说得比较流畅了。

（北京市通州区教工幼儿园　刘垚）

宣传周：

案例：

在和美小镇成长记上午的活动中，小翼小朋友担任了洗衣房小助手，他的任务是将顾客送来要洗的衣服送到洗衣房交到工作人员手里。在小镇的活动区域，看见一个小弟弟拿着脏衣服向自己走了过来，小翼说：“放到那儿不放心，还要等到工作人员回应才离开。”有一个顾客来洗衣服，但是没有钱。他说：“你没有钱怎么洗衣服呢？”送衣服的小朋友说：“我的衣服太脏了，我想洗一下。”小翼说：“那你帮我把这个衣服送到洗衣房，我就帮你洗这件衣服。”这位小朋友听到以后，很高兴，说：“我这就把衣服给拿过来。”于是这个小顾客就把所有衣服送到了洗衣房，不放心的小翼还要跟着一起去看看。到了洗衣房，小翼说：“这是这位小朋友的衣服，但是他没有带钱，可是是他自己把衣服送过来的，我跟小弟弟说，他帮我把衣服送过来，就是在咱们洗衣房打工了，咱们帮他把衣服洗了吧！下次再把钱带过来吧！”小顾客走的时候小翼还不忘提醒他：“小朋友，你下次就得带钱来，一定带钱过来哟，要不然就没有办法洗衣服啦。”那位小朋友说：“好的，下次我一定记得把钱带过来。”小翼看见小弟弟还有些不放心的样子，跟着小弟弟一直到老师的身边，看见小弟弟的老师，他说：“是我把他送回来的，可是这次他没有带钱，下次您记得提醒他呦！”小翼的思维很活跃，遇到事情很有想法，解决问题的能力很强。平时就是比较活泼好动，干起事情来很认真。

支持策略：

1. 为幼儿提供为他人服务的机会，对其行为给予肯定。

2. 平时可以进行一些安静的活动，稳定情绪，告诉幼儿做事情不要着急。

（北京市通州区教工幼儿园　恽爽）

畅游日：

案例一：

和美小镇的活动小镇穿越日开始啦，每个小朋友都很兴奋。月月说："我想参加，这样我可以穿上漂亮的衣服。"王诺一说："我可以穿上古代的衣服，可漂亮啦！"这次小镇穿越日可以让孩子们接触到新鲜事物。女孩子可以穿上美美的服装，男孩子可以穿上想扮演的角色帅气的衣服。唯独苏苏安静地坐在椅子上一点都不想参与其中。我私下和他聊天，问他："你为什么一点都不感兴趣呢？""这些我都知道了，一点兴趣都没有。"他说。我说："那还有很多小朋友不知道，你想不想和他们分享。"苏苏眼睛一亮，看着我说："可以吗？我想跟其他小朋友分享。"老师说："当然可以了，只要你愿意的话，你可以把咱们班的重走长征路分享给小朋友听，给小朋友讲重走长征路的故事，可有意思啦！"小镇活动开始啦！苏苏在搭建体验屋讲解着红色故事，只听见他说："在旧社会，我们的条件很艰苦，受到日本人的侵略，我们的红军踏上了长征的道路……"他还给其他小朋友讲解了重走长征路游戏的玩法。通过这次活动我发现苏苏自信了很多，他成了一名非常优秀的讲解员，在活动中讲解起来有模有样的，受到了很多小朋友的喜欢。

此次活动中我发现喜欢历史的苏苏，讲解起来是那么自信。

措施：

1. 为幼儿提供大胆表达自己的机会，鼓励幼儿自己解决问题。

2. 肯定幼儿的表现，给予鼓励和表扬，期待下次的精彩表现。

（北京市通州区教工幼儿园　刘垚）

案例二：

大圣在这次和美小镇恐龙搭建体验屋中，担任安全员。大圣说："安全员可是我们搭建体验屋的小警察，我一定要维持好秩序，帮游客们处理好问题，我一定是一个很负责任的安全员。"当小镇活动快要结束的时候，有个小游客发现自己的护照丢了，哭得很伤心，紧紧地皱着眉头，很着急。认真的大圣看到之后，第一时间跑来询问情况。细心的大圣还给小妹妹拿了纸巾擦眼泪，并对小妹妹说："你别着急，我可以帮助你吗？"大圣知道小妹妹的护照丢了，拉起小妹妹的手帮助她找护照。最后他带小妹妹去了服务台，通过失物招领的方式找到了护照。小女孩紧蹙的眉头瞬间展开，嘴角微微扬，起说了一句“谢谢”。大圣对小妹妹说：“不用谢，这是我应该做的。”

大圣平时的沟通能力就很强，非常喜欢表现自己。这次的机会使大圣得到了成功的喜悦，大大地增加了他参加活动的信心。

措施：

1. 为幼儿提供大胆表达自己的机会，鼓励幼儿自己解决问题。

2. 肯定幼儿的表现，给予鼓励和表扬，期待下次的精彩表现。

（北京市通州区教工幼儿园　武玥）

案例三：

好激动！准备完毕，跳蚤节活动就要开始啦。在搭建体验屋身为“小老板”的孩子坐在摊位前招揽小顾客，热情地向往来的小顾客介绍自己的商品，大声吆喝招揽生意。孟宇昊说：“快来我们的搭建体验屋吧，这里不仅可以搭建你喜欢的物品，还可以通过自己的搭建成果换取二手物品哟！而且我们这里很便宜，只需要两块钱哟。”有个小朋友听见吆喝凑近来看热闹，说：“我想来你们这里玩，你们这里好玩吗？多少钱？”售票员说：“给我两块钱就可以啦！”小顾客给了售票员两块钱，找到了检票员。引导员说：“欢迎来到我们的搭建体验屋，这次我们可以用废旧物品搭建你喜欢的东西，还不限时哟！”并热情地为顾客服务。参加活动的其他小朋友游走在各个摊位之间，互相有模有样地讨价还价。有的小朋友甚至懂得低价买进，高价卖出。“快来买呀！我们今天是惊爆价，再不买就被别人都买走啦！”经济意识让人惊叹！还有的是好朋友之间，只要互相喜欢，就直接交换游戏币换来的物品。还有一段温暖的小插曲：我发现有的宝贝买来的第一件商品不是心爱的玩具，也不是心仪已久的儿童画册，而是适合妈妈的手链和花：“这是我送给妈妈的礼物，我想让妈妈高兴。”还有的小朋友说：“我妈妈快过生日啦，我要送给妈妈一条自制项链。”这种最简单最直接的爱，真的让人动容。

孟宇昊平时是一个特别安静并且很暖心的小朋友。老师交给的小任务他都能出色地完成，是老师的得力小助手，就是不够自信，平时不愿意表达自己。

措施：

1. 提供机会，让幼儿大胆地表达自己。

2. 及时给予幼儿肯定，增加幼儿的自信心。

（北京市通州区教工幼儿园　武玥）

和美小镇和美花店实践案例

一、小镇各商铺架构

（一）商铺名称

和美花店

（二）经营内容

花束、花手链、花皂

（三）目标

1. 乐于参与实践活动，能大胆表达想法，感受活动乐趣。
2. 感知新鲜事物，增加生活经验和社会经验。
3. 喜爱参加集体活动，能遵守一定行为准则。

（四）材料准备

1. 场地要求

2. 所需材料：

角色材料	花艺师	物品制作
	销售	耳麦、工作服、头饰
	保安	工作服
	引导员	耳麦、小彩旗
	收银员	收银筐

（五）商铺职位（基础配置）

岗位	人数	适合年龄	工作内容	和美币
花艺师	3	大班	制作及包装花束	2 元
销售	2	中班	介绍花束及寓意	2 元
保安	1	中班	保证活动安全	2 元
收银员	1	大班	收款	2 元

商铺人员关系图：

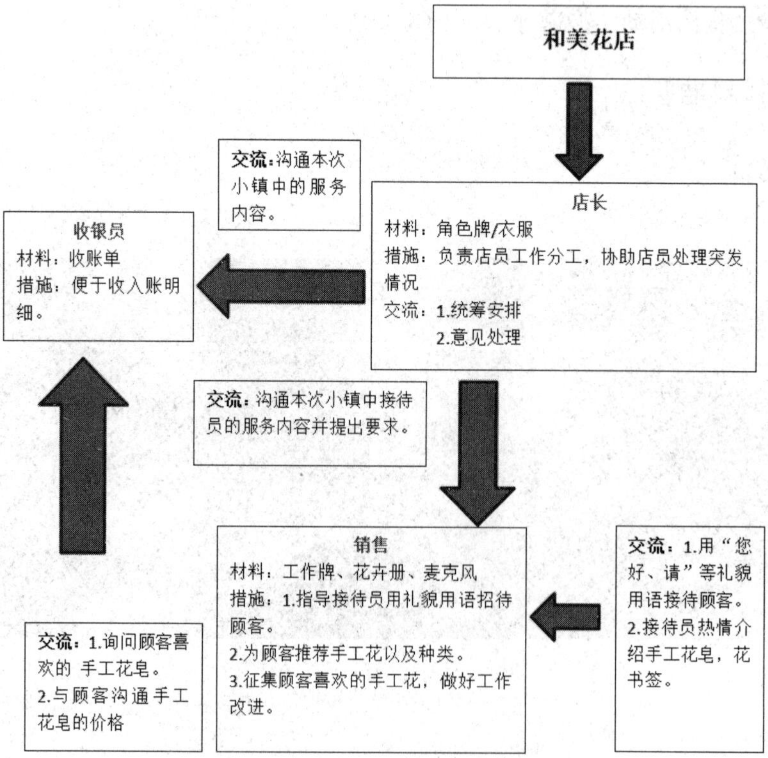
和美花店
交流：沟通本次小镇中的服务内容。
店长
材料：角色牌/衣服
措施：负责店员工作分工，协助店员处理突发情况
交流：1.统筹安排
2.意见处理
收银员
材料：收账单
措施：便于收入账明细。
交流：沟通本次小镇中接待员的服务内容并提出要求。
销售
材料：工作牌、花卉册、麦克风
措施：1.指导接待员用礼貌用语招待顾客。
2.为顾客推荐手工花以及种类。
3.征集顾客喜欢的手工花，做好工作改进。
交流：1.用“您好、请”等礼貌用语接待顾客。
2.接待员热情介绍手工花皂，花书签。
交流：1.询问顾客喜欢的 手工花皂。
2.与顾客沟通手工花皂的价格

顾客体验流程图：

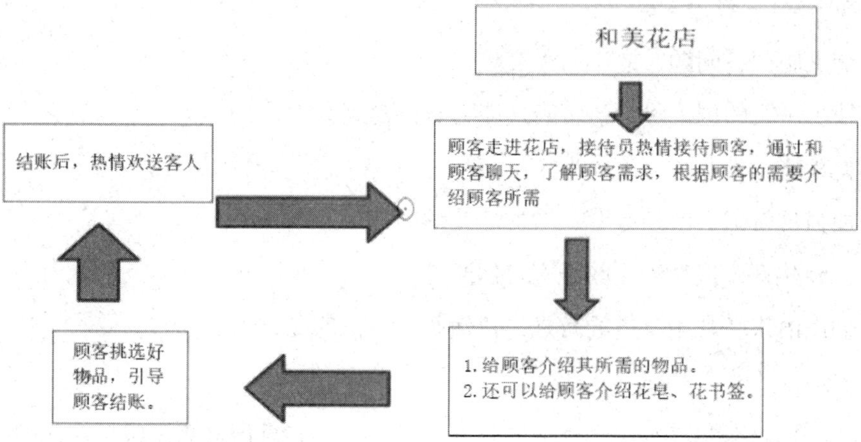
和美花店
顾客走进花店，接待员热情接待顾客，通过和顾客聊天，了解顾客需求，根据顾客的需要介绍顾客所需
1. 给顾客介绍其所需的物品。
2. 还可以给顾客介绍花皂、花书签。
顾客挑选好物品，引导顾客结账。
结账后，热情欢送客人

（北京市通州区教工幼儿园　马莹）

二、小镇活动组织

招聘周：

花店招聘方案					
岗位	人数	适合年龄	工作内容	和美币	备注
花艺师	3	大班	包装花束	2 元	
销售	2	中班	介绍花束	2 元	
保安	1	中班	保证活动安全	2 元	
收银员	1	大班	收款	2 元	

招聘案例一：

和美花店开始招聘了，九宝想要来到花店应聘销售。应聘销售的幼儿很多，有的拿着自己的简历，有的拿着自己的推荐信，非常热闹。

轮到九宝面试了，在应聘官的提问下，九宝努力回答。可当问到如何向客人介绍花店的物品能让花店收益更多时，九宝有些为难，思考了一会儿回答说：“快来买，东西可好了！”

见到此情此景，我急忙引导九宝：“东西好我们可以怎么形容，是不是可以使用'漂亮、可爱'之类好听的词语？”九宝听后急忙说：“东西可漂亮了！快来买！”应聘官继续问：

“还可以说些别的什么好听的词吗？”九宝表示没有了。

分析：

1. 能大胆回答问题，敢于与人交流。

2. 缺少一定的词汇量，语言表达能力有待提高。

支持策略：

1. 加强日常语言活动教育，增加幼儿的词汇量。

2. 家园共育，提高幼儿的语言表达能力。

3. 创设语言区利用合适的教具，让幼儿全方位感知，大胆形容。

（北京市通州区教工幼儿园　倪春雪）

招聘案例二：

招聘会上，面试官向来面试的硕硕提问：“如果顾客从店铺经过，你会怎么做？”硕硕说：“我就会喊，欢迎来我们花店选购，我们这里有好多漂亮的花束，还可以支持定制哟！”

面试官追问：“那如果顾客对花束不了解呢？”硕硕说：“我就会告诉他，我们花店还有免费花卉讲解课，您可以边听边欣赏花卉，多好啊！”

面试官继续问道：“那顾客购物完你会怎么做？”硕硕说：“我会对她说谢谢您，欢迎下次再来，您慢走！”

分析：在前期的培训中，引导员很认真，在店铺门口工作时能够按照培训要求来完成自己的本职工作。但当顾客没有进店时，引导员的处理经验较薄弱，在后期培训时还需要对不同情况进行实践演练。

措施：

1. 在培训中，创设不同场景引导幼儿进行实践演练。

2. 大堂经理应适时给予提示。

3. 观看生活中引导工作的视频，增强社会经验。

（北京市通州区教工幼儿园　倪春雪）

培训周：

培训内容	形式	实现目标定位	资源利用	备注
制作及花束包装	艺术活动 美工区实操	能有效与顾客沟通，推销物品	前期制作经验	
介绍花束及寓意	语言活动	让顾客了解花束，制定自己需求	家长资源	
保证活动安全	社会活动	保证活动有序、安全地进行	视频	
钱币认知和基础计算	数学教育活动	进行收款、找零工作	家长资源	

集体教学活动

（一）活动名称：开花店

目标：

1. 了解各种花代表的含义。

2. 体验制作手工花的快乐。

活动准备：花的图片、彩纸。

活动重点：尝试了解不同花的含义

活动难点：乐于制作手工花。

活动过程：

导入环节：观看图片

引导幼儿用自己的语言完整讲述，知道花的名称。

基本环节：

1. 教师引导幼儿设想花店的情况，以生动的例子、形象的手势，启发孩子理解花店的样子。

2. 教师：老师扮演花店销售。询问“你们想不想当一个小花童”，引导幼儿从花代表的含义等不同角度了解花店。

重点环节：

游戏：开花店

把幼儿分成销售、顾客两类角色，自由体验生活。

（1）幼儿买花。

（2）幼儿卖花。

结尾环节：

创设花店的场景，自然结束。

（北京市通州区教工幼儿园　倪春雪）

（二）活动名称：花店宣传

目标：

1. 尝试让幼儿介绍花店的活动。

2. 通过角色扮演，使幼儿获得花店宣传经验。

活动准备：花、宣传手册。

活动重点：尝试让幼儿介绍花店的活动。

活动难点：通过角色扮演活动，使幼儿获得花店宣传经验。

活动过程：

导入环节：以猜谜语引入活动：闻着香香的，看着很漂亮，五颜六色的。

基本环节：讨论花的主要特征，并大胆介绍。

重点环节：幼儿练习介绍语，教师给予指导。

结尾环节：请幼儿扮演消费者和宣传者进行演示。

（三）活动名称：走进花店

目标：

1. 了解花店，了解花的寓意。

2. 愿意设计花束。

活动准备：彩纸、花束。

活动重点：尝试运用彩纸包裹花束。

活动难点：大胆设计不同花束。

活动过程：

（四）活动名称：小镇活动《我们的和美花店》

目标：认识和美花店，知道我们是花店的小主人。

活动过程

导入环节：回忆小班参与和美小镇活动的情景。

基本环节：展示和美小镇活动时花店的图片。

讨论：你去过和美花店吗?

你知道和美花店是干什么的吗?

你在和美花店做了什么事情?

重点环节：我是花店小主人。

观察原花店小主人工作的照片，讨论工作流程和工作内容，聊一聊自己想为和美花店做些什么事情。

结束环节：自然结束。

（北京市通州区教工幼儿园　马莹）

（五）活动名称：插花

活动目标：

1. 通过插花活动，感受插花艺术的色彩对比、高低错落对比、大小对比的美，对插花艺术感兴趣。

2. 了解中国特色艺术文化，萌发热爱祖国的情感。

活动准备：插花若干瓶，各类鲜花、野草、树叶等。

活动过程：

一、导入环节：谈话导入

师：小朋友们，我们桌上都放着些什么呀？这些花草都是躺在桌子上的，小朋友们有没有办法把它们竖起来呢？（插在瓶子里）

二、基本环节：介绍花卉

1. 欣赏花卉，观察花卉。

2. 介绍名称，介绍寓意。

三、重点环节：幼儿操作

1. 出示插花实物，欣赏插花艺术，感受插花艺术的色彩对比、高低错落对比、大小对比的美。

2. 在幼儿操作的过程中，教师不给予任何意见，随小朋友想象，让他们自由发挥。

3. 介绍自己作品的插法和寓意。

四、结尾环节

鼓励幼儿创设其他插花方式。

（北京市通州区教工幼儿园　倪春雪）

区域活动

（一）名称：菊花

目标：正确使用剪刀剪菊花。

材料：彩纸、剪刀。

指导：1. 长边对折还是短边对折？ 2. 菊花瓣是什么形状的？ 3. 花瓣怎样簇拥在一起？

（二）名称：种植

目标：初步体验季节变化与植物的关系。

材料：植物。

指导：鼓励幼儿观察植物的变化，并做记录。

（北京市通州区教工幼儿园　安蕾）

培训案例：

在培训中，西皓锦模仿销售员给客人介绍各种花皂的功效和作用，客人有些好奇地问："这些香味的花皂的价格都一样吗？"西皓锦说："都一样的。"不一会儿又来了一位顾客，顾客问西皓锦："我没带钱，能送我一块花皂吗？"西皓锦爽快地答应了，免费送给顾客一块花皂。在一旁的收银员说："这位顾客没给钱。"收银员跑了出去，叫住这位顾客："您还没给钱呢！"顾客告诉收银员："这是销售员送给我的。"然后就走了。

分析：

销售员对于销售的工作内容以及自身职责不清晰，不能很好地完成工作内容。

措施：

1. 培训相关工作内容。

2. 清晰工作职责。

（北京市通州区教工幼儿园　倪春雪）

宣传周：宣传方案、宣传视频（二维码）

宣传内容	形式	目标定位	资源利用	备注
十三宝花束	成品	展示十三宝花束， 了解十三宝特有的品质	环境 多媒体	
十三宝花皂	成品	展示十三宝花皂， 鼓励学习十三宝品质	环境 多媒体	

畅游日：

案例一：

和美花店开张了，孩子们都想来花店购买美丽的花皂和花束。来到花店，每个孩子都很兴奋，虽然有进出标志，但孩子们一进花店就把规则忘在了脑后，纷纷走进花店购物。一下子花店里挤满了人，为了购买到货架上的花皂，开始出现了“插队”和“抢购”的现象，整个花店乱作一团。这时，阳阳发现了问题，他立即以商店引导员的身份介入，开始维持花店秩序。阳阳将顾客带领到进口，让他们重新排队，并告诉他们正确的进出位置。阳阳还提醒顾客要根据自己的需要购买商品，不要为了抢购而插队，有一定秩序才会更加方便。在阳阳的指挥下，花店这才慢慢恢复了平静。在员工培训中，阳阳也能够理解自己的工作职责。在实际生活中阳阳能够勤于观察，善于发现问题。

支持策略：

1. 结合生活及教育活动，懂得一些基本的经验和规则，懂得如何解决问题。加强场地分类，合理布局。

2. 绘制正确购买花皂的流程图，提示顾客有序活动。

（北京市通州区教工幼儿园　马莹）

案例二：

和美花店今天迎来了园庆主题活动，花店的小服务员们都开始了忙碌。讲解员主要负责的是“花团锦簇”花艺展的讲解，为和美小居的镇民们介绍花店服务人员制作的花朵和花束。讲解员阳阳看到有小朋友来参观，赶快上前说道：“你好，这是我们的花艺展，我来给你介绍介绍。”来参观的小朋友很高兴地说：“好啊，这些都是什么呀？”阳阳说：这些花束都是我们和美花店的工作人员制作的，有月季花、太阳花，还有彩虹花。这些花束代表的寓意都是不一样的，这束代表红红火火，这束代表和和美美，还有这束你知道代表什么吗？”只见小朋友迟疑了一会儿问：“代表什么呢？”阳阳高兴地说：“这里面有十三宝，代表的是每个班的小朋友在幼儿园里快乐成长、团团圆圆。”

花店讲解员有了上一次花卉介绍的经验，能够知道在小镇活动中如何为小朋友介绍得更加清晰、清楚，但是在礼仪和动作上还需要后期加强培训。

措施：

1. 在活动前带领幼儿进行花束的制作、包扎，让幼儿了解每朵花的寓意和花束的寓意。

2. 活动前提前练习讲解的话术。

3. 加强后期的礼仪培训。

（北京市通州区教工幼儿园　马莹）

案例三：

王沐阳在和美花店中，介绍各种花工艺品的介绍。因为花店的商品比较热销，依旧吸引了很多顾客的光临。这时很多顾客来了，被王沐阳的讲述所吸引。听到王沐阳讲到玫瑰花的时候，晨晨说“我想买一束玫瑰花送给妈妈，因为妈妈的生日快到了，我想送给他作为生日礼物。”等讲解员讲述活动结束后，晨晨找到王沐阳说明自已想买一束玫瑰花。这时销售员大仲走来了“你们在干什么？”“晨晨想买一束玫瑰花送给妈妈，”“好，跟我来吧。”大仲请晨晨选了一束玫瑰花，大仲吆喝“谁要卖花？各种各样的花束。”我有优惠券，可以用吗。大仲解释道。“优惠券已经过期了。”晨晨说：“好吧，我要这个，现金支付。

分析：

和美花店这一主题的产生十分自然。小朋友们对和美花店的游戏都非常感兴趣，在无意间他们发现了花店讲解，还有各种手工艺品。我认为，这从某一角度反映了小朋友有较丰富的游戏经验，这也与平时他们长期处在一种较为宽松的游戏氛围是分不开的。我也就悄然退出，不再介入游戏了，而是观察他们到底对这游戏有多大的兴趣，以及他们会怎样玩。小朋友们看到我没有表态，认为我默许他们的行为，就继续很快乐地游戏了。而周围的孩子都和我一样对这件事感兴趣，所以这个主题一下子成为热点，在交流中被宣传，我们静待下次游戏孩子们的发展和表现。

措施：

1. 培训工作人员的应急反应能力。

2. 加强话术的练习。

（北京市通州区教工幼儿园　倪春雪）

案例四：

今日在小镇活动的时候，孩子们都四散去了自己想去的商铺购买物品，突然，班级的骁骁和皓皓来到我面前，两人都气呼呼的。

我询问他们发生了什么事。皓皓说：“骁骁跑，撞到我了，还不道歉。”这下骁骁不乐意了。看着两个小家伙，我让他们先在一旁冷静。过了一会儿我见两人都安静了下来，问明了原因后，我问骁骁：“你觉得这件事是谁的错？”他还有点不服气：“我不是故意撞他的，他还推我了呢！”皓皓更委屈地说：“他先撞的我。”我说：“骁骁，的确是你先撞的人。“对不起！”小家伙涨红了脸。皓皓之后说了句没关系，也跟骁骁道了歉。两人好像也不像刚才那样横眉冷对了，于是我让他们重新开始了小镇之旅。

分析：

1.幼儿面对这样的状况，不会解决，导致其处理争执的方式要么是打回来，要么是告状。

2.活动时，不遵守活动要求，缺乏自控能力。

措施：

1.及时与幼儿沟通，让幼儿明白游戏规则和注意事项。

2.培养幼儿的礼貌习惯，当不小心撞到别人时，要道歉。

（北京市通州区教工幼儿园　倪春雪）

和美小镇邮局实践案例

一、商铺架构

（一）商铺名称

和美邮局

（二）经营内容

邮寄服务、邮票售卖、和美闪送

（三）目标

1. 愿意参与小镇畅游日活动，能感受到微社会实践活动的乐趣。
2. 在活动中了解邮局的特点，能够按照角色与顾客互动。
3. 能够利用多种途径了解邮局工作人员的工作内容，并按照要求上岗。

（四）材料准备（图片）

1. 场地要求：场地图片

2. 所需材料：

角色材料	经理	负责整体统筹、人员安排，处理突发事件
	收银员	负责收银并记录顾客的需求
	引导员	负责引导顾客，解答顾客的疑问
	快递员	负责取、送顾客的物品
	宣传员	负责宣传邮局的业务
操作材料	手账装饰物品	用于顾客装饰自己的集邮册
	集邮册	顾客可将自己购买的邮票贴到集邮册上

（五）商铺职位（基础配置）

岗位	人数	适合年龄	工作内容	和美币
经理	1	大班	负责整体统筹、人员安排，处理突发事件	3
收银员	2	中班、大班	负责收银并记录顾客的需求	2
引导员	1	中班、大班	负责引导顾客，解答顾客的疑问	2
快递员	2	中班、大班	负责取、送顾客的物品	2
宣传员	1	小班、中班、大班	负责宣传邮局的业务	2

商铺人员关系图：

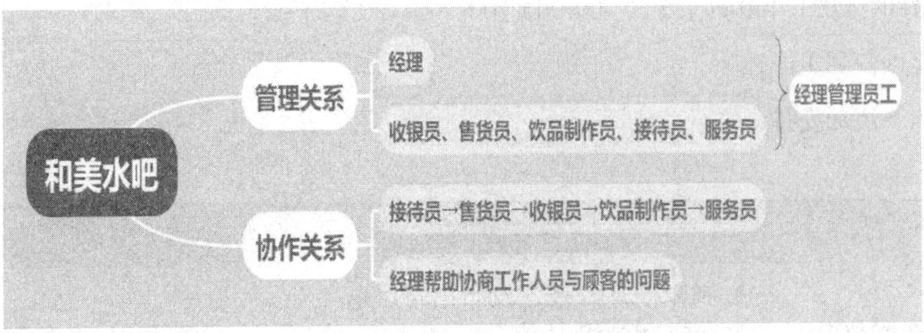

顾客体验流程图：

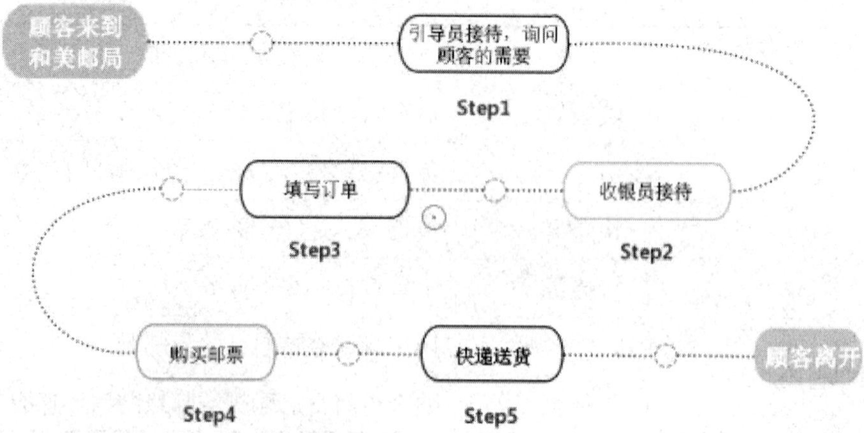

（北京市通州区教工幼儿园　戴艳菁）

招聘周：

招聘方案：

（一）活动主旨

为了更好地落实《指南》精神，建构幼儿园园本课程理念，同时结合本月小镇畅游日活动主题，开展“开业季”的活动，让幼儿在招聘、参与、宣传等活动中充分感受活动内容。

（二）活动目标

1. 愿意参与小镇畅游日活动，能感受到微社会实践活动的乐趣。

2. 在活动中了解邮局的特点，能够按照角色与顾客互动。

3. 能够利用多种途径了解邮局工作人员的工作内容，并按照要求上岗。

（三）活动时间、地点

1. 时间：2021 年 9 月上午 9∶00—11∶00

2. 地点：和美小镇

（四）活动安排

阶段	内容	负责人
成立招聘组	1. 制作招聘海报，发布招聘信息 2. 成立招聘组 3. 进行考官培训	张春燕

续表

阶段	内容	负责人
招聘宣传	1. 成立招聘宣传组 2. 进行岗位招聘信息宣传	陈思
现场招聘	1. 整理场地 2. 考官现场招聘	戴艳菁
发放聘书	1. 制作聘书 2. 将聘书送到应聘成功的幼儿手中	戴艳菁 陈思 张春燕

岗位	人数	适合年龄	工作内容	和美币
登记员	1	4 ~ 6 岁	能够在订货单上勾选	2
分类员	1	4 ~ 6 岁	给顾客的订货单分类	2
宣传员	1	4 ~ 6 岁	对外宣传、介绍本班的商品	2
闪送员	1	4 ~ 6 岁	根据订单上的地址，进行送货	2
安全员	1	4 ~ 6 岁	维持秩序，提醒幼儿排队等待	2

（北京市通州区教工幼儿园　陈思）

招聘案例一：

和美邮局全新升级，推出了和美闪送服务，顾客可以通过和美闪送将新年礼物送到指定幼儿的手中。今天是我们和美闪送的招聘，此时，我们的开心——也就是和美闪送的杨经理，正坐在面试官的位置上，认真地进行着招聘活动。

“如果你负责这个商品的闪送任务，你认为应该注意哪些问题？”“顾客填写订单的时候，如果不会填，你能帮助他吗？怎么帮助？”“你会怎么向别人推荐我们的闪送服务？”

在提问环节结束之后，开心拿出了幼儿园地图，随机提问：“假如需要将商品送到大三班，你会选择怎样的路线呢？”当幼儿指出路线之后，开心接着问：“你找到班级之后，要怎么和顾客沟通？”在招聘活动中，开心能够根据和美闪送的工作内容设置问题，并且能够根据面试幼儿的回答，调整接下来的问题，并且为面试幼儿设置情景，考验幼儿在实际情境中的反应能力和沟通能力。

支持策略：

1. 邀请开心进行经验分享，表达一下自己在招聘活动中的感受，并且说出自己的想法和意见。

2. 汇总与整理幼儿遇到的问题，可以制作和美闪送员工手册，方便幼儿在培训活动中参考。

（北京市通州区教工幼儿园　张春燕）

招聘案例二：

本次小镇活动的主题是“小镇故事会”，和美邮局推出了故事系列邮票，不仅邮票进行了创新，而且和美邮局服务人员的工作内容也进行了创新，他们要介绍邮票上面的故事，所以在这次招聘活动中，我们的工作人员也会考查面试者的表达能力。

“这是我们的故事系列邮票，每一张邮票上都有不同的故事，如果需要你介绍，你能完成任务吗？”“我们马上就要开始宣传我们的故事系列邮票了，你能大方、大声地介绍我们的邮票吗？能的话现在请你做一个简单的自我介绍。”

分析：从招聘活动中可以看出，祎祎能够了解邮局服务人员的工作特点，能够大胆地表达自己，并能够提出一些和邮局工作有关的问题。

措施：在后续的活动中，和幼儿共同商量邮局的工作还有哪些特殊性，与幼儿共同探讨作为邮局的工作人员需要具备哪些能力，并鼓励幼儿将自己的想法和意见运用绘画的方式表达出来，生成员工手册初稿。

（北京市通州区教工幼儿园　戴艳菁）

培训周：

和美邮局培训说明

培训内容	形式	实现目标定位	资源利用	备注
登记员	视频、现场	能够在订货单勾选	幼儿自主讨论	
分类员	实际情境、观看操作手册	给顾客的订货单分类	幼儿分组	
宣传员	视频、现场	对外宣传、介绍本班的商品	活动区	

续表

培训内容	形式	实现目标定位	资源利用	备注
闪送员	视频、现场	根据订单上的地址送货	集体教育活动	
安全员	视频、现场	维持秩序，提醒幼儿排队等待	集体教育	

培训方案：

（一）活动主旨

为了更好地落实《指南》精神，建构幼儿园园本课程理念，同时结合本月小镇畅游日活动主题，开展“开业季”的活动，让幼儿在招聘、参与、宣传等活动中充分感受活动内容。

（二）活动目标

1. 愿意参与小镇畅游日活动，能感受到微社会实践活动的乐趣。

2. 在活动中了解邮局的特点，能够按照角色与顾客互动。

3. 能够利用多种途径了解邮局的工作内容，并按照要求上岗。

（三）活动时间、地点

1. 时间：2021 年 9 月上午 9：00—11：00

2. 地点：幼儿园和美小镇

（四）活动安排

阶段	内容	负责人
成立培训组	1. 成立培训组 2. 商讨培训内容	陈思
培训	1. 根据岗位进行培训 2. 实操演习	戴艳菁
发放培训通过证书	1. 培训考核 2. 发放培训通过证书	张春燕

（北京市通州区教工幼儿园　戴艳菁）

集体教学活动

领域：社会活动名称：邮局初体验

目标：

1. 知道邮局的作用、工作内容和特点。

2. 能够通过自己的理解，对邮局的工作进行总结。

活动准备：邮局的照片、之前服务人员的讲解视频。

活动重点：了解邮局。

活动难点：知道邮局的工作内容，并为开业季做好准备。

活动过程：

导入环节：什么是邮局

师：小朋友们，升入中班之后，我们就要承接和美小镇中的商铺了，我们承接的商铺是邮局。今天，请小朋友和陈老师一起来看一看邮局是做什么的吧！

基本环节：邮局

1. 教师和幼儿一起观看之前店铺服务员的讲解、工作视频。

2. 幼儿观看视频后，共同讨论邮局的工作内容。

重点环节：我是小小服务员

通过对邮局的了解，和小朋友们一起为邮局的开业做准备工作。

结尾环节：你好，和美邮局

师：马上就要迎来和美小镇的开业季，我们的和美邮局也要正式开业啦，让我们一起认真经营吧！

（北京市通州区教工幼儿园　戴艳菁）

领域：社会活动名称：《被拒绝了怎么办》

活动目标：

1. 感受和理解被他人拒绝的心情。

2. 找到被拒绝后的玩法，调节情绪。（知道被拒绝后，能够用不同的方法调节自己的情绪。）

活动准备：课件：被拒绝了怎么办

重点：感受和表达被拒绝后的心情。

难点：接纳他人的拒绝，并能调整自己的情绪。

活动过程：

一、导入环节：活动导入，激发兴趣

教师列举最近班级幼儿发生的被拒绝的例子，引导幼儿讨论被拒绝的心情以及应该怎么办。

小结：我们的好朋友也被别人拒绝过，我们一起看看他是怎么做的，有没有用到小朋友们刚刚说的好办法。

二、基本环节

（一）观看视频，学习经验

学习理解和接纳他人的拒绝。（分段播放视频《被拒绝了怎么办》）

（1）艾琳娜为什么不想和丹尼尔玩袋鼠跳？（艾琳娜想自己看书）

（2）丹尼尔被艾琳娜拒绝了几次？丹尼尔的心情是怎样的？

（3）海莉老师看到丹尼尔难过，是怎么安慰他的呢？

共情引导：有时候感到难过是正常的。当朋友不想跟你玩时，就用别的事情来填满。

（4）后来丹尼尔做了什么事情让自己心情好起来的呢？（画画，玩翻斗车，和卡特琳娜一起玩）

（二）经验迁移

如果你是丹尼尔，被朋友拒绝了，还可以做哪些事情让自己感觉好一些呢？

（三）经验拓展（自己玩的方法）

被拒绝了也许会伤心，这很正常。但我们小朋友和丹尼尔一起，想到了很多被拒绝后自己玩的办法，比如……就像丹尼尔唱的那样：当朋友不想跟你玩，那就用别的事情来填满。

（北京市通州区教工幼儿园　戴艳菁）

领域：数学　　　活动名称：送信

活动目标：

1. 感知物体在序列中的位置，能用 1 ~ 5 的序数词表示物体在序列中的位置。

2. 能够按照出示的序数词找到相对应的位置。

活动过程：

导入环节：谈话导入，认识楼层

师：小朋友们，你们家住在几层呀？那楼层是怎么数的？今天有位小客人（小兔）想请大家帮它找到自己的家，它住在第二单元的第五层，我们一起帮它回家吧。

基本环节：认识小区里不同屋顶的楼房

师：这是一个快乐小区，小区里的楼房有什么不一样？楼号也都不一样。

（1）帮邮递员叔叔送信，感知 5 以内的序数。

师：邮递员叔叔想请小朋友们跟他一起去送信。

（2）邮递员叔叔分别掏出六封写着地址的信，小朋友一封一封帮他找到收件人并送到指定的楼层。

（3）邮递员叔叔掏出第七封信，信上只有收信人，没有地址，请小朋友帮忙找到收信人的地址，并将信送过去。

重点环节：幼儿操作

师：邮递员叔叔很满意大家的表现，他说朋友们都很能干，他有任务想请你们帮忙一下。

（1）出示三张任务卡，并讲解如何操作。

①请你找出楼房里的动物住在第几层，仔细数好后标上数字。

②请你帮小动物把地址写到信封上。

③这是一个住宅联系表，请你把小动物送回家。

每个小朋友带着三张任务卡，认真完成。

结尾环节：游戏：送信

师：老师在柜子里也有许多信封，这些信是老师送小朋友们的礼物。出示信封，请小朋友根据地址信息去送信。

（北京市通州区教工幼儿园　陈思）

区域活动：

活动名称：图书区

活动目标：

1. 尝试多种阅读方式，体验阅读的乐趣。

2. 在阅读活动中，在老师的提醒下能保持正确的坐姿。

3. 根据之前讨论的关于邮局的一些问题，通过阅读、听故事，对提出的问题进行解答并生成自己的理解。

指导建议：

1. 提供多种书籍，激发幼儿的阅读兴趣。

2. 引导幼儿用不同的形容词描述某一画面。

3. 在阅读过程中巩固幼儿正确的阅读方法，一页一页看完，注意每一页的人物与情景的变化。

家长资源：

家园共育，与幼儿共同了解邮局的工作内容，设计邮票。

（北京市通州区教工幼儿园　戴艳菁）

培训案例一：

和美闪送服务一经推出，就收到了很多顾客的订单。在整理订单的时候，小朋友们发现部分订单已经准备完成，于是在小组讨论的时候，开心就说："送货的时候就能培训了，我们一起去送货，然后就可以培训了。"

于是我们的培训就在送货时进行了，在上下楼梯时，开心对送货员说："在上下楼梯的时候，要注意安全。"到达指定班级之后，开心在门口对送货员说："现在我们已经到了订单上的班级，我们要先和老师、小朋友们打招呼，然后再请老师找到收货的小朋友，把货物送到小朋友的手中。"开心在之后也向送货员示范了送货之后怎样确认收货和收取费用。在培训过程中，开心创新了培训形式，在送货的过程中进行示范，让幼儿在实际情景中熟悉完整的送货流程，并且能够及时解决送货过程中遇到的问题。

支持策略：对幼儿提出的想法给予肯定和鼓励，并引导幼儿解决在培训过程中遇到的问题。

（北京市通州区教工幼儿园　陈思）

培训案例二：

邮局变化史：

1. 在西汉时期，人们用飞鸽传书的方式传递信息。

2. 在商朝，是用马传递信息。传译是最早的通信方式。

3. 在近代，人们没有通信工具，通常都是通过让别人带话进行信息传递。

4.1878 年 7 月 23 日，中国近代邮政——大清邮政官局在天津诞生。

5.1912 年 1 月 1 日，中华民国成立，大清邮政也正式改组为中华邮政。

6.1998 年开始邮政主要承担寄信、寄钱、寄明信片、跨国电话等业务。

7.2006 年 8 月，邮政集团成立，增加了邮寄物件业务。

在培训活动中，我们先和幼儿通过集体教育活动了解不同时期的邮局发展历史，以及了解比较有特点的一些时间节点，之后，在图书区我们为幼儿提供与邮局的相关图书。在阅读之后，我们和幼儿共同制作了邮局发展的自制图书。

分析：通过视频、图书等形式和幼儿共同了解邮局的发展，在阅读之后，幼儿结合自己的理解自制图书，让幼儿对邮局的发展历史有更进一步的理解。

措施：鼓励幼儿进行自制图书的讲解，并生成二维码展示在图书区。

（北京市通州区教工幼儿园　戴艳菁）

宣传周：

（一）活动主旨

为了更好地落实《指南》精神，建构幼儿园园本课程理念，同时结合本月小镇畅游日活动主题，开展“最美中国年”的活动，让幼儿在招聘、参与、宣传等活动中充分感受活动内容。

（二）活动目标

1. 愿意参与小镇畅游日活动，能感受到微社会实践活动的乐趣。

2. 制作虎年邮票和虎年纪念册。

3. 能够利用多种途径了解接待员和销售员的工作内容，并按照要求上岗。

（三）活动时间、地点

1. 时间：12 月第三周每天上午 9：00—11：00

2. 地点：幼儿园和美小镇服务中心

（四）活动安排

阶段	内容	负责人
成立宣传组	1. 小组长带领组员总结上次宣传活动中的优点与不足 2. 商讨“最美中国年”宣传方式	戴艳菁
宣传	1. 制作“最美中国年”宣传海报 2. 开展年货预订会 3. 利用多媒体开展线上预订会 4. 请宣传组工作人员带着商品去各班级进行宣传（与商铺进行对接，帮助商铺宣传）	陈思 张春燕

（北京市通州区教工幼儿园　戴艳菁）

畅游日：

案例一：

“卖邮票喽……有买邮票的吗？”

“这个怎么卖？”一位小女孩问。

俊毅赶紧站起身来说：“一块钱一张。”接着和小女孩一起的小伙伴说：“一块钱一张，这个简单，给我来一张。”说完，两位小顾客赶紧从包包里掏出一元游戏币递给俊毅。接着侯景杰站起身来问：“你想要哪一个？”小女孩看了看，又指了指盒子里说：“要这个吧，”景杰递过邮票并有礼貌地说：“欢迎下次再来！”

和女孩一起的伙伴又掏出一元钱来，俊毅看到，脸上带着微笑问道：“你想要什么呀？”这时候小男孩没有应答，小女孩关注到了他们的纪念册，并问道：“你们那个是什么？”俊毅站起来介绍说：“我打开给你看看，这是我们推出的纪念册。”小女孩发出“哇”的声音，俊毅接着介绍说：“这个两块钱一本。”小女孩没说话，俊毅又将纪念册摆回了盒子里。景杰已经完成小男孩的接待，俊毅又将纪念册展示给小男孩看，并问小男孩：“你想买这个吗？”小男孩说：“不买了。”小女孩摆摆手说：“再见了啊！”两位小工作人员没有回应，俊毅已经忙着数钱了。

分析：

《指南》中指出：“幼儿的社会性主要是在日常生活和游戏活动中，通过观察和模仿潜移默化地发展起来的。”我们结合“最美中国年”主题，开展小镇畅游活动，创造性地运用表现现实生活的游戏，使孩子们了解和美邮局的工作内容。在刘俊毅和侯景杰的工作中，我们看到他们能够耐心、微笑地去服务小顾客，而且有合作，配合得很好。在最后的结束环节，如果幼儿的礼貌性语言能够再丰富一些，活动会更加圆满。

措施：

1. 请幼儿回看自己活动时的视频，进行讨论，并总结出活动时好的地方和需要调整的地方。

2. 利用生活机会，帮助幼儿了解与自己关系密切的社会服务工作。如：观看超市、商场工作人员工作时的视频等。

（北京市通州区教工幼儿园　张春燕）

案例二：

“最美北京”小镇畅游迎来了招聘周，下面就让我们来到和美邮局的招聘现场看一看吧！“你好，我是和美邮局的面试官，我要问你几个问题！”“好的。”轩轩看了看手中的评分表，“我们需要送邮票给小朋友，你会骑小车吗？”“会。”轩轩在小车标志的空格处画了一个勾。“中四班在幼儿园的什么地方？”轩轩拿出一张幼儿园的地图，参加面试的小朋友指了一个地方，轩轩看了看，摇了摇头。在问过几个问题之后，结束了面试。

经过之前与幼儿共同讨论邮局工作的特殊性，我们对和美邮局招聘评分单进行了修改，在招聘过程中轩轩通过自己的理解进行提问，体现了面试官对和美邮局工作的理解。

以今天的招聘为例，请轩轩进行经验分享，把自己在面试中遇到的问题以及解决办法分享给班中幼儿，并对本次招聘的情况进行总结。

（北京市通州区教工幼儿园　戴艳菁）

案例三：

“欢迎光临和美邮局！这是我们的邮票一块钱两张，还有明信片一块钱一张。”引导员热情地指着邮票进行介绍。

“那我要这张。”顾客边指着邮票边拿出手中的一元钱。

“不行，一块钱两张。”引导员说道。

“那我只有一块钱。”顾客小声说着。

引导员拍着桌子上的邮票说：“一块钱两张，你选哪张？”这个时候他不小心把顾客的钱碰到了地上，顾客捡了好一会儿，才捡起来。引导员有些急促地说：“一块钱两张，你选哪张？”选邮票的顾客还是有些迷茫地说：“我选这张。”引导员更着急地拍着桌子上的邮票说：“一块钱两张。”一旁的老师告诉引导员：“你还可以再选一张。”引导员说：“你可以再选一张。”顾客又选了一张 2 号邮票，拿到取邮票的号码，引导员带着顾客去取邮票了。

经过“邮局初体验”，幼儿对和美邮局的工作已经有了初步了解。参与不同的活动，负责不同的工作，能锻炼幼儿的社会交往能力、互动合作的能力，让幼儿在互动中体验交往的乐趣、学习交往的技能。孟子轩负责邮局引导员的工作，在引导工作中，他能按流程主动接待并引导顾客，但在接待顾客的过程中，遇到问题时会略显急躁。

角色扮演，能帮助幼儿站在他人的角度考虑问题，结合实际情景，提醒引导员在引导过程中在意别人的情绪，了解他们的需要，产生共情。

加强社会交往技能技巧的引导，中班幼儿受身心发展的制约，仍旧以自我为中心，幼儿教师要做幼儿交往的观察者、引导者、支持者。善于发现问题，及时给幼儿提供帮助，教给幼儿正确的交往技巧，如礼貌问候、友善微笑等。鼓励胆小内向的幼儿，增加他们交往的主动性与自信心。

（北京市通州区教工幼儿园　戴艳菁）

案例四：

本次小镇畅游日结束了，铭铭作为快递员，跟小朋友一起整理班级中剩余的快递箱。一个小朋友问：“这些箱子放在哪里呀？”皓皓说：“扔到垃圾桶里吧！”铭铭说：“不能扔，下次咱们送快递的时候还可以用。”其他小朋友觉得铭铭说得有道理，纷纷表示赞同，可是这些箱子太大了，柜子里放不下怎么办呢？大家开始找放快递箱的地方，这个时候铭铭来问老师：“老师，我们的快递箱下次还想接着用，但是柜子里放不下怎么办？老师说：“那你们有多少个快递箱呢？”铭铭摇摇头说：“那我们要数一数。”说完他就去数快递箱子了，没一会儿，跑过来说：“老师我们数过了，有 10 个箱子。”老师说：“那你们的箱子是一样大小的吗？各有几个呢？”说完，铭铭又过去数箱了。没一会儿，他把数好的结果告诉了老师，老师又说：“那我们怎么可以把这些箱子放进这些柜子里呢，你有什么好办法吗？”铭铭想了想，说：“我们可以把小箱子放进大箱子里面！”说完，铭铭高兴地去放箱子了，他们把箱子摆放得非常整齐。

中班幼儿解决问题的意识和能力都有了显著提高。案例中，铭铭能够主动寻求老师的帮助。老师通过层层引导幼儿发现每个箱子的不同，从而找到摆放箱子的办法。

活动小结时，鼓励铭铭自己解决问题的态度和方法。

引导幼儿日常观察快递箱的摆放，从而运用到自己的活动中来。

（北京市通州区教工幼儿园　陈思）

和美小镇服务中心实践案例

一、小镇各商铺架构

（一）商铺名称

和美服务中心

（二）经营内容

旅游团、小镇服务咨询

（三）目标

1. 明确自己在游戏中的职责，学会坚守岗位，勇于解决问题。
2. 能够礼貌待人，愿意与同伴交往，体验角色时能积极与人交流。
3. 幼儿的沟通表达能力、人际交往能力、解决问题能力等。

（四）材料准备（图片）

1. 场地要求：场地图片

2. 所需材料

角色材料	接待员	2 名
	广播员	1 名
	导游	6 ~ 8 名，小班、中班、大班各 1 名，其他是实习导游
操作材料（多指顾客操作）	到访登记表	到访人员进行个人信息登记
	小蜜蜂广播器	为有广播需求的顾客广播

（五）商铺职位（基础配置）

岗位	人数	适合年龄	工作内容	和美币
广播员	2	5 ~ 6 岁	1. 对小镇商铺进行介绍 2. 为丢失物品的幼儿广播寻物	2
接待员	2	5 ~ 6 岁	接待到访咨询的顾客，并帮助其解决问题	2
导游	6 ~ 8	5 ~ 6 岁	1. 小班、中班、大班的导游负责带团游览小镇商铺，并将讲解商铺特色 2. 负责团内幼儿的各项事宜，并给予合理的解决办法	5

商铺人员关系图：

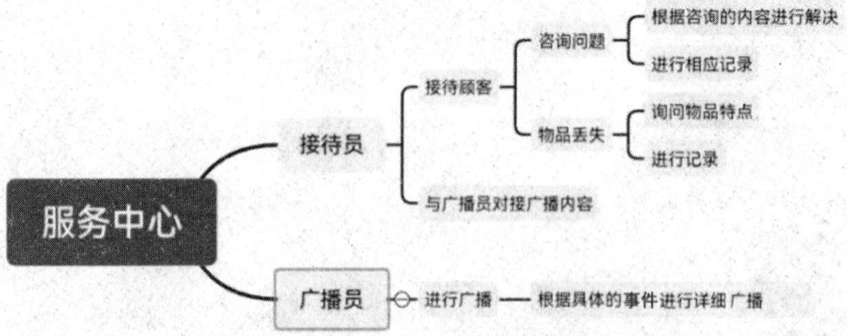

顾客体验流程图：

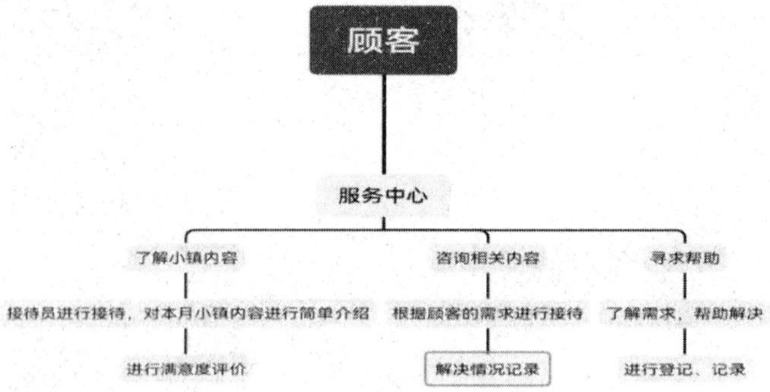

（北京市通州区教工幼儿园　刘微）

二、小镇活动组织

招聘周：

招聘方案：

（一）活动主旨

为了更好地落实《指南》精神，建构幼儿园园本课程理念，同时结合本月小镇畅游日活动主题，开展“开业季”的活动，让幼儿在招聘、参与、宣传等活动中充分感受活动内容。

（二）活动目标

1. 愿意参与小镇畅游日活动，能感受到微社会实践活动的乐趣。

2. 在活动中了解服务中心的特点，能够按照角色与顾客互动。

（三）活动时间、地点

1. 时间：9 月第一周上午 9：00—11：00

2. 地点：幼儿园和美小镇服务中心

（四）活动安排

阶段	内容	负责人
成立招聘组	1. 制作招聘海报，发布招聘信息 2. 成立招聘组 3. 进行考官培训	武雪
招聘宣传	1. 成立招聘宣传组 2. 进行岗位招聘信息宣传	刘微
现场招聘	1. 整理场地 2. 考官现场招聘	李佳辰
发放聘书	1. 制作聘书 2. 与和美邮局沟通聘书送达位置	李佳辰

和美小镇聘书

______小朋友

恭喜你，成功应聘 ______ 班的 ______ 岗位。

教工幼儿园和美小镇
年　　月

岗位	人数	适合年龄	工作内容	和美币
广播员	1	5 ~ 6岁	1. 对小镇商铺进行介绍 2. 为丢失物品的幼儿广播寻物 3. 具有良好的语言表达能力，广播时能做到声音洪亮，大胆表达自己的想法	2
接待员	2	5 ~ 6岁	1. 接待到访咨询的顾客，并帮助其解决问题 2. 具有良好的沟通能力，接待小朋友时能做到微笑服务，遇到问题时能自主解决	2

（北京市通州区教工幼儿园　李佳辰）

招聘案例一：

招聘活动开始之后，有三名幼儿拿着简历来到了服务中心面试。在此之前，我问吴昕忆对面试流程记忆清晰吗，她说非常清楚，而且询问来面试的小朋友的问题也记忆得很流畅。但当面试开始时却发生了超出流程预设的情况，第一名面试的小朋友一脸茫然地发问："我不知道自己会什么，但是我想面试服务中心。"吴昕忆面对这位小朋友首先问道："那你会点数吗？会广播吗？"这位小朋友说自己会点数，不会广播。随后，吴昕忆让这名小朋友进行了点数测试，又问了关于导游的一些工作细则，这位小朋友却不能很好地回答。最后，吴昕忆愣了一会儿，说："那我们的面试结束了，请下一位小朋友。"

可见，吴昕忆对于面试的流程和面试问题的记忆很清晰，但是面对小朋友的"非标准流程面试"时却有些无从下手，随便选取了面试问题中的一个进行提问。幼儿心中对面试官这一角色以及面试岗位的工作标准没有准确的定义，所以遇到问题时就会无从下手。

支持策略：为幼儿分析面试者提出问题的思路，从解决问题的角度帮助其分析问题，而不是站在自己的角度完成面试流程。拆解面试官的职责，帮助幼儿更深刻地了解应该如何做好一名服务者，帮助别人解决问题。

（北京市通州区教工幼儿园　武雪）

招聘案例二：

招聘活动接近尾声时，陆思齐拉着贾悦扬的手来到了服务中心，问："请问这里是服务中心吗？"小面试官说："是的，请问您有什么需要帮助的？"齐齐回答说："我的好朋友小羊想面试接待员，您能帮助她吗？”小面试官说：“可以，那我问她几个问题吧！”齐齐看着小羊，小羊没有回应。齐齐紧接着说：“小羊，问你几个问题好不好呀？”小羊这时候才点了点头。小面试官开始提问，提出第一个问题时小羊看了看面试官和齐齐没有说话，齐齐赶忙说：“我能帮她说吗？”见状，老师说：“孩子，我理解你想帮助好朋友的心情，但是你每次都帮助她的话，以后她还能自己解决问题吗？”齐齐摇了摇头，对小羊说：“小羊，你来说吧。”小面试官又重复了刚才的问题，小羊看着老师说：“我怕说错了。”老师鼓励了她。过了一会儿，小羊小声说着自己的回答。

面试结束了，齐齐拉着小羊的手准备离开的时候回过头说：谢谢老师！随后，小羊也回头说：谢谢老师！

分析：齐齐是一个很热心帮助好朋友的孩子，可以看出他们的关系非常好，在平时经常为好朋友挺身而出，小羊经常受到保护而不敢说话，甚至有自己的想法也不敢大胆表达出来。

措施：幼儿的热心帮助行为值得表扬和肯定，但是过度帮助会让好朋友产生过分依赖而变得胆怯不自信。应当与幼儿分析问题，帮助她建立自己的人格思想。

（北京市通州区教工幼儿园　刘微）

培训周：

培训方案：

（一）活动主旨

为了更好地落实《指南》精神，建构幼儿园园本课程理念，同时结合本月小镇畅游日活动主题，开展“开业季”的活动，让幼儿在招聘、参与、宣传等活动中充分感受活动内容。

（二）活动目标：

1. 愿意参与小镇畅游日活动，能感受到微社会实践活动的乐趣。

2. 在活动中了解服务中心的特点，能够按照角色与顾客互动。

3. 能够利用多种途径了解接待员和广播员的工作内容，并按照要求上岗。

（三）活动时间、地点

1. 时间：9 月第二周每天上午 9∶00—11∶00

2. 地点：幼儿园和美小镇服务中心

（四）活动安排

阶段	内容	负责人
成立培训组	1. 成立培训组 2 商讨培训内容	刘微
培训	1. 根据岗位进行培训 2. 实操演习	武雪
发放培训通过证书	1. 培训考核 2. 发放培训通过证书	李佳辰

（北京市通州区教工幼儿园　刘微）

培训中生成的集体教育活动：

活动名称：我们的小小服务站

活动目标：

1. 养成懂礼貌的良好习惯。

2. 知道一些礼貌用语及其使用场合。

3. 愿意与同伴、老师互动，愿意表达自己的想法。

活动重点：通过学习，让幼儿养成懂礼貌的好习惯，初步培养幼儿的道德情操。

活动难点：让幼儿分角色进行情境表演，要求幼儿们表演时要有表情。

活动准备：

1. 准备一些礼貌用语的图片。

2. 室内活动，让两个幼儿扮演助教角色。

活动过程：

一、谈话引入活动，激发幼儿的学习兴趣。

二、教师请两个幼儿上台进行情景表演，一个小朋友需要帮助，另一个小朋友来提供帮助。在模拟结束后，他们一个说了“谢谢”，另一个说了“不客气”。

三、教师提问：“小朋友们，我们平常在哪些地方会使用礼貌用语？”（让幼儿自主发言）

1. 让幼儿观看图片，问：“小朋友，你们能看出图中的小朋友说了哪些礼貌用语吗？你们会用这些礼貌用语吗？

2. 教师教授图片中的礼貌用语。（对不起、没关系、谢谢你、请、不好意思、再见等。）

四、教师模拟情景，并提问

1. 当警察叔叔把你送到马路对面时，你会怎么做？面对别人的好意帮助时，你应该怎么做?

2. 在公交车上，遇见一位老奶奶上车了没有座位，你应该怎么做?

3. 当你不会做手工，想寻求其他人帮助时，你应该怎么说?

五、让幼儿分角色进行情景表演

六、教师总结

礼貌是在日常生活中的行为体现，任何方面都应该注意礼貌。

（北京市通州区教工幼儿园　武雪）

活动名称：解决问题我最行

活动目标：

1. 幼儿能够自信表达。

2. 能够深刻了解小镇活动中的情景，并设身处地想办法解决问题。

3. 幼儿拥有小组合作的意识。

活动重点：遇到问题时，幼儿能找到适宜的解决办法。

活动难点：幼儿能够按照游戏规则顺畅地与小组同伴进行游戏。

活动准备：微社会小视频

活动过程：

一、谈话引入，激发幼儿的活动兴趣。

二、引导幼儿思考在小镇活动中出现突发问题自己都是怎么解决的。

三、教师举例说出一些可能出现的问题，引导幼儿思考回答该怎样解决。例如：想去购买自己想要的物品，但是却找不到店铺了，除了询问老师，还能怎么办? 例如：在小镇中，遇到小朋友因为购买物品而争吵，除了告诉老师，还能怎么办?

四、带领幼儿观看微社会小视频，并思考如果自己遇到视频中出现的问题该怎么办。

五、幼儿发言，说出自己看到的问题。

六、以小组合作的形式共同解决问题。

七、小组展示解决问题的几种方式并进行投票，得票最多的小组获得“解决问题我最行”荣誉称号。

八、教师总结活动情况，并给予幼儿肯定和鼓励。

（北京市通州区教工幼儿园　李佳辰）

活动名称：我是金牌服务人员

活动目标：1. 培养幼儿懂礼貌的良好习惯。

2. 使幼儿知道一些礼貌用语及其使用场合。

3. 培养幼儿乐意于服务他人的意识和解决问题的能力

重点：

活动重点：幼儿在日常生活中有懂礼貌的好习惯，初步培养幼儿的道德情操。

活动难点：幼儿分角色进行情境表演，模仿小镇当时的问题情境。

活动准备：

1. 文明用语使用视频。

2. 室内活动，几名幼儿分角色进行模拟。

活动过程：

一、谈话引入活动，激发幼儿的学习兴趣。

教师讲解礼貌用语的使用场合、不同礼貌用语的使用方法以及观看视频。

二、对本班级店铺——服务中心的工作人员的工作内容进行解读，使幼儿深刻理解自己的岗位职责。

三、请几名幼儿上台使用文明用语进行活动情景的表演，一个小朋友需要帮助，另一个小朋友来提供帮助。

四、教师提问："小朋友们，我们服务中心的小成员是否解决了模拟游戏中的问题？"（让幼儿自主发言）

五、教师对幼儿的表演和问题的回答进行梳理

1. 幼儿在模拟过程中是否使用了合适的礼貌用语？

2. 服务中心的服务人员对于顾客遇到的问题是否想到了合适的解决办法并有效帮助到他们？

3. 服务中心的小成员在岗位上是否做到了成员之间的沟通、了解、解决问题等？

4. 再次让幼儿分角色进行情景表演。

5. 教师总结：日常生活中不仅要注意使用礼貌用语，也要学会在自己的岗位上灵活解决问题。

（北京市通州区教工幼儿园　刘微）

区域活动：表演区

目标：培养幼儿乐意在众人面前大胆发言、勇于表现自我的意识。

在培训周中，幼儿可以在表演区里和其他小朋友一起模拟服务中心的角色。例如，一位小朋友扮演工作人员，另一位小朋友扮演寻求帮助的人。角色模拟，可以培养幼儿大胆发言以及解决问题的能力。

（北京市通州区教工幼儿园　李霞）

家长资源：家园共育

带领幼儿参观北京的景点，在游玩的过程中，观察导游与志愿者的工作内容，并带领幼儿记录，回园后进行分享。

（北京市通州区教工幼儿园　李佳辰）

培训案例一：

在培训周中，我们对张浩然、彭启桓小朋友进行了专门培训。我们模拟了几种情境以及问题对幼儿进行提问。例如：小班的小朋友书包丢失以后，来到服务中心寻求帮助，你们应该如何提供帮助？张浩然说："我们要去帮弟弟妹妹找书包，避免他们伤心。"彭启桓说："我们应该通过广播发布小班小朋友的书包丢了，希望捡到书包的人可以还给我们。"教师进行补充，我们首先需要礼貌地询问："请问你需要什么帮助？"然后通过情况分析，在广播站进行广播："紧急播出一条重要内容，×××小朋友的书包丢了，是×色的，请捡到这个书包的小朋友送到服务中心。"在这个过程中我们应当安抚小朋友的情绪。当书包找到以后，我们应该主动表示感谢，并且询问失主这是不是他的书包，如果是，就物归原主，如果不是，需要广播寻找失主。

（北京市通州区教工幼儿园　李佳辰）

培训案例二：

在培训周中，我们对吴昕忆、姚小瑶小朋友进行了专门培训。我们进行了情景模拟，帮助幼儿熟悉过程，并且培养幼儿解决问题的能力。例如：当小朋友不清楚商店的位置时服务中心的工作人员应该如何去引导？姚小瑶说："我们应该记住每个店铺的位置，当有幼儿找不到位置时，我们可以告诉他怎么走。”吴昕忆说：“我们不仅需要记住店铺的位置，还应该能详细地描述出路线，这样才能帮助他们。”

（北京市通州区教工幼儿园　武雪）

和美服务中心培训说明

培训内容	形式	实现目标定位	资源利用	备注
广播员	集体教学 幼儿讨论 现场演练	1. 幼儿能够明确自己的工作内容和职责内容 2. 幼儿知道各个岗位的工作衔接内容 3. 具有良好的语言表达能力，广播时能做到声音洪亮，大胆表达自己的想法	社会岗位视频观看	各岗位幼儿需要同时进行活动
接待员	集体教学 现场演练	1. 幼儿能够知道在自己的工作职责范围内，顾客可能会出现的几类问题 2. 幼儿能够掌握一般问题的处理方法 3. 知道自己处理不了的问题的沟通办法 4. 具有良好的沟通能力，接待其他小朋友时能微笑服务，遇到问题的时候能自主解决	小规模问题现场模拟	1. 记录对幼儿提出的问题 2. 对处理问题的幼儿出现的问题进行指导策略的研究梳理。

（北京市通州区教工幼儿园　武雪）

宣传周：

宣传方案：

（一）活动主旨

为了更好地落实《指南》精神，建构幼儿园园本课程理念，同时结合本月小镇畅游日活动主题，开展“开业季”的活动，让幼儿在招聘、参与、宣传等活动中充分感受活动内容。

（二）活动目标

1. 愿意参与小镇畅游日活动，能感受到微社会实践活动的乐趣。

2. 在活动中了解服务中心的特点，能够按照角色与顾客互动。

3. 能够利用多种途径了解接待员和广播员的工作内容，并按照要求上岗。

（三）活动时间、地点

1. 时间：9 月第三周每天上午 9∶00—11∶00

2. 地点：幼儿园和美小镇服务中心

（四）活动安排

阶段	内容	负责人
成立宣传组	1. 成立宣传组 2. 制作宣传海报 3. 思考宣传方式	武雪
宣传	多种方式进行宣传（与商铺进行对接，帮助商铺宣传）	刘微 李佳辰

畅游日：

案例一：

一个幼儿在路上捡到了一元钱，来到服务中心寻求帮助。接待她的是陈予涵，她首先问："钱在哪里捡到的？"幼儿回答后她又问："有没有问一下周围的人？"了解完基本情况之后她左右摆了一下头就没有再说话。老师给予引导：接下来做些什么？她回答："保存好！"一个幼儿捡到中一班一个幼儿的背包，到服务中心寻求帮助。她首先接过包看了一下没有说话，恰巧一个教师到服务中心寻找本班幼儿的包，她一只手拿起书包问："是这个吗？"老师看了看说不是，她又紧接着问道："这钱是吗？"老师说："不是，谢谢。"陈予涵把工作交接给广播员，继续广播为物品寻找失主。

可见该幼儿在工作中反应比较灵活，通过与顾客的对话中能观察到该幼儿对每个问题和解决办法都有一定的思考。幼儿对自己的角色认知比较清晰，并能把两件失物联系在一起解决问题。

支持策略：幼儿对有些问题的解决方法存在一定的局限性，例如：顾客捡到的失物放到服务中心之后没有更好地交接给广播员进行下一步的失物招领。针对这个问题老师应当为幼儿系统讲解服务中心每个岗位的工作职责，并把之间如何衔接的方法解析清楚。幼儿对职责目标存在一定的认知，教师应当以目标为最终结果引导幼儿思考如何解决接待中遇到的问题。

（北京市通州区教工幼儿园　李佳辰）

案例二：

大一班商铺的导购是桓桓和然然，他们两个人配合进行店铺的招待和收银工作，在活动开始之前两个人都在店铺里进行招待。然然说：“老师，我想去外面站着，过一会儿再和桓桓换。”我说可以，之后两个人就一个在里一个在外面配合，在录像中可以看得出来然然会用语言招呼客人：“来买盲袋，一块钱一个。”桓桓在然然售卖盲袋的过程中提醒售卖的金额。在录像中我们看到他们两个身上都各自带了一串盲袋项链，他们会用装扮形象来吸引顾客。第一次向一个女孩推荐项链的时候，女孩看了看就跑走了，之后兜兜来了看到项链就被吸引了，可以看出孩子们为物品稍做包装是可以吸引一些孩子的目光的。

然然对物品出售的数量和钱数收取经验不足，把一串盲袋项链价格和几个盲袋的价格混淆了，兜兜花两元钱买了两串盲袋项链，显然然然亏损了。

支持策略：为孩子们解析一串盲袋项链价格和一个盲袋价格的差异，帮助孩子们建立有数量和价格的关系概念。

（北京市通州区教工幼儿园　武雪）

案例三：

中班组的小镇畅游活动开始了，服务中心的接待员接待了一名顾客，这名顾客是隋羽小朋友。她来到了服务中心请求帮助说：“我是大班的小朋友，在小镇活动刚开始的时候手里拿了一个在创意吧制作的饰品，可是现在手里的东西不见了，希望服务中心能够帮忙寻找一下。”李沐宸说：“那你的饰品是什么样子的？”隋羽用自己的话描述了饰品的样子和大小之后，李沐宸又问：“那你都去过哪些店铺或者都去哪儿了？自己有没有去找过？”隋羽说：“我记得都去过哪里！”说完她就跑走了，我看着她跑去的方向是花店和搭建体验屋。过了一会儿，隋羽拿着东西回来了，告诉服务中心的李沐宸：“我找到我的东西了，谢谢你！”李沐宸兴奋地问：“在哪里找到的呀？”隋羽说：“我记得我从创意吧出来之后去了花店和搭建体验屋，花店里没有，我又去搭建体验屋找了，那里的服务人员帮我保管了东西。我才找到的！”李沐宸说：“那太好了！”

分析：

1. 从两名幼儿的角色角度出发，能看出他们已经对小镇的角色体验很深刻了。他们能够用小镇的角色和游戏情境解决实际问题。

2. 两名幼儿的语言表达能力都很强，思维也很清晰。隋羽刚开始没有找到解决办法，但是经过服务中心接待员的问题引导之后立刻知道自己该如何解决自己的问题并开展行动，最终找到了自己的东西。

措施：

从李沐宸的问题里，隋羽找到了自己解决问题的办法，在游戏结束之后询问李沐宸对于隋羽遇到的问题自己是有解决问题办法还是随机进行的提问，让幼儿跳出角色思考遇到问题该如何解决。

（北京市通州区教工幼儿园　刘微）

案例四：

小镇畅游活动开始了，李雨瞳请老师协助佩戴上了用于广播的小喇叭。平时在培训的时候没有给孩子们真正佩戴过喇叭，所以李雨瞳对这个新鲜设备很感兴趣，戴好之后就开始了自己的小镇广播工作。过了一会儿有一位小朋友来寻求帮助，他说："想买一块香皂，但是忘记是哪个店铺了。"负责接待的小朋友热情地招待了这位小朋友，当接待员正准备回答小朋友的问题的时候，李雨瞳打断了他们的对话，说道："你等一下，我用小喇叭帮你广播一下，你认真听啊！"她用喇叭认真地广播了每个店铺的信息，其中就有这个小朋友需要的答案。在她广播完之后，这个小朋友就直接走向了花店去购买自己想要的物品。

分析：

1. 小喇叭这个广播设备赋予了广播员这一角色以灵魂，很多小朋友喜欢尝试新鲜事物，都被它吸引了。

2. 小朋友的问题被服务中心的广播员解决了，但是很多小朋友在畅游小镇的时候会忽略广播的重要性，可能还是欠缺对小镇所有店铺设置的深入了解。

措施：

1. 为了让幼儿能够在小镇当中得到充分的体验，就要在日常生活中围绕小镇文化进行经验铺垫。

2. 鼓励幼儿向李雨瞳学习，能够灵活使用新设备在工作岗位上发挥作用，能够灵活看待生活中的问题，并结合自己的岗位职责帮助幼儿解决问题。

（北京市通州区教工幼儿园　刘微）

和美小镇旅行社实践案例

一、商铺架构

（一）商铺名称

和美导游

（二）经营内容

带领小顾客游览和美小镇

（三）目标

1. 熟悉和美小镇的环境，清楚每个商铺的位置及功能。
2. 在活动中有较强的责任意识，具有良好的沟通能力。
3. 乐于在集体面前表达自己的想法。
4. 遇到困难可以积极思考并想办法解决。
5. 能够在游览过程中准确清点人数。

（四）材料准备：

导游旗、游客胸牌

1. 场地要求

2. 所需材料

角色材料	经理	导游手册、应聘打分表
	收银员	组团价位表
	导游	导览图
操作材料 （多指顾客操作）	游客	游览分组挂牌
	导游	导游旗

（五）商铺职位（基础配置）

岗位	人数	适合年龄	工作内容	和美币
经理	1	大班	联系业务，导游培训，游客分组	2
收银员	1	中班、大班	根据人数收取导游费	2
导游	8	大班	带领小游客进行小镇游览	2

商铺人员关系图：

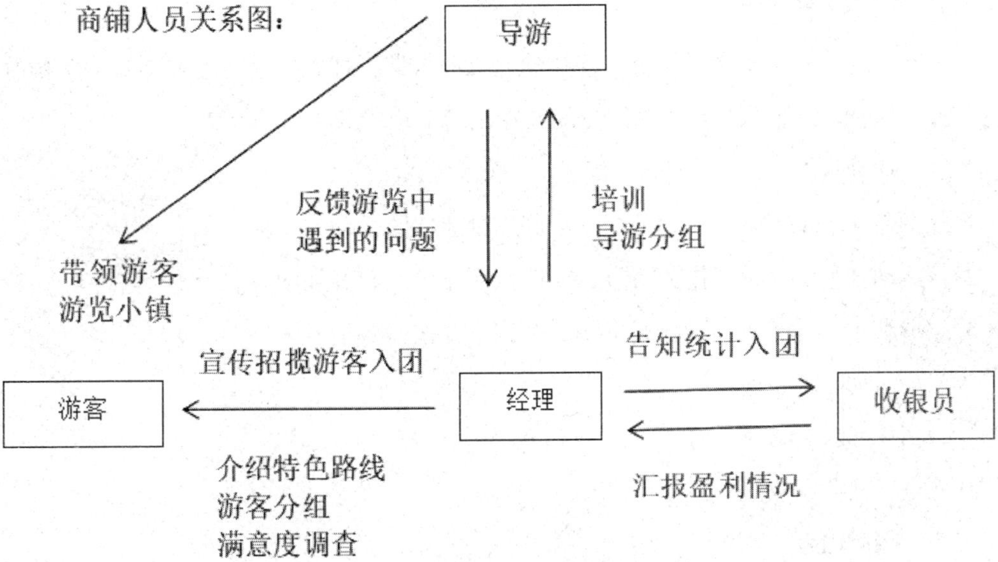

顾客体验流程图：

1. 观光休闲线：步行街—植物园—快乐驿站（城堡）—小舞台（看演出）

2. 游艺体验线：玩具超市—冒险岛

3. 艺术创想线：创意吧—小舞台（表演体验）

4. 时光旅行线：照相馆—邮局

（北京市通州区教工幼儿园　辛建雨）

二、小镇活动组织

招聘周：

岗位	人数	适合年龄	工作内容	和美币
经理	1	大班	联系业务，导游培训，游客分组	2
收银员	1	中班、大班	根据人数收取导游费	2
导游	8	大班	带领小游客进行小镇游览	2

招聘方案：

（一）活动主旨

为了更好地落实《指南》精神，建构幼儿园园本课程理念，同时结合本月小镇畅游日活动主题，开展“开业季”的活动，让幼儿在招聘活动中亲身参与其中。

（二）活动目标

1. 愿意参与小镇畅游日活动，能感受到微社会实践活动的乐趣。

2. 在活动中了解导游工作的特点，能够按照角色与游客互动。

3. 能够利用多种途径了解导游工作的内容，并按照要求上岗。

（三）活动时间、地点

1. 时间：2021 年 9 月上午 9∶00—11∶00

2. 地点：幼儿园和美小镇

（四）招聘内容

招聘人员：导游团经理 1 人，收银员 1 人，导游 8 人。

招聘条件：经理要有较好的人际沟通能力和解决问题的能力。表达自信清晰，敢于大胆介绍自己。

收银员：熟练掌握20以内的点数，能够进行简单的10以内加减运算。

导游：熟悉幼儿园环境，喜欢表达，有较强的责任心，能细心、耐心地照顾弟弟妹妹。

工资：两元和美币。

（北京市通州区教工幼儿园　辛建雨）

招聘案例一：

招聘会开始了，小树坐在招聘台等着应聘者的到来。等了一会儿一个小朋友走到他的面前，拿着简历看着小树。小树问道："小妹妹，你要面试哪个岗位啊？"小朋友说："导游。"小树接着问："你介绍一下自己吧。"小女孩说："我是中三班的诺诺。"小树问："还有别的吗？"女孩摇了摇头。小树说："好的，你可以走了。"于是小女孩便离开了。小树是这次招聘会的面试官，已经从事过一次导游工作，对于导游的工作流程非常熟悉，但是当小朋友来面试时，他缺少应变能力，应聘者简单介绍自己后他就让应聘者离开了，没有继续鼓励应聘者做出更全面的介绍。应该帮助小树了解面试官的工作职责，和他讨论怎么让应聘者更好地介绍自己。

（北京市通州区教工幼儿园　王岑）

招聘案例二：

令人期待已久的招聘季开始啦！李梓涵小朋友成了这次招聘会的面试官，负责面试来应聘的小朋友们。这时来了一个小应聘者："你好，我想应聘导游。"李梓涵问："你知道导游这个职位是干什么的吗？"那个小应聘者说："我知道，就是带领其他小朋友了解各个地方的。"李梓涵说："那我现在是一名游客，我找不到成长展上自己的照片，面对这样的问题，你应该怎么做呢？"小应聘者说："我可以……嗯……"李梓涵说："在面对这样的问题时，我们可以自己帮他找照片，或者是发动大家的力量一起帮他找，实在自己解决不了还可以请老师帮忙。你先回去等我们的通知吧！"那个小应聘者点点头转身走了。

分析：

1. 李梓涵小朋友作为面试官，很好地履行了工作职责，能够主动并大胆地与应聘者沟通交流，有着很好的沟通能力。

2. 李梓涵小朋友用流利的语言力向小应聘者提问，表达清晰流畅，逻辑能力很强。

措施：

1. 继续培训李梓涵小朋友在面试方面的知识，深入了解与导游有关的常见的问题。

2. 善于利用榜样的示范能量，带动其他小朋友积极参与到面试官这个角色当中。

（北京市通州区教工幼儿园　辛建雨）

培训周：

培训内容	形式	实现目标定位	资源利用	备注
熟悉小镇商铺的位置及功能	实地考察及参访	了解各个商铺的位置及功能	各商铺实体及工作人员	
学习导游词	老带新	熟练掌握导游词，并能灵活运用	导游手册	

教学活动（一）

名称：我们的和美小镇

活动目标：了解小镇的位置及功能。

活动准备：各个商铺的照片、商铺功能记录表。

活动过程：

导入环节：出示和和、美美的照片，激发幼儿的兴趣。

师：孩子们，你们看谁来了，和和、美美听说咱班小朋友要当小导游，所以特意来到咱们班，他们要陪着我们一起游览和美小镇，你们高兴吗？

基础环节：出示和美小镇商铺图片（从邮局开始依次出示），了解商铺的位置。

师：孩子们，这个地方你们知道是哪里吗？谁去过？都去那儿干什么事情呢？

重点环节：小朋友分组去各个商铺采访工作人员，询问本次活动商铺活动的内容，并进行记录。

结束环节：分享记录结果。

（北京市通州区教工幼儿园　王岑）

教育活动（二）

活动名称：学做小导游

活动目标：

1. 引导幼儿了解和美小镇的商铺（活动重点）。

2. 启发幼儿大胆连贯地讲述对商铺的认识，学做小导游，发展语言表达能力（活动难点）。

活动准备：幻灯课件一组、小组操作材料若干份（风景卡片，导向板）。

活动过程：

一、导入环节：启发幼儿通过回忆讲述和美小镇的商铺

主要提问：

1. 和美小镇上有许多商铺，你知道吗？

2. 这些商铺都叫什么名字？里面有什么？

小结：今天我还带来了和和、美美，他们也要来讲讲美丽的和美小镇，我们一起来听一听吧。

二、基本环节：欣赏幻灯片，了解和美小镇的商铺

主要提问：

1. 和和、美美讲了哪些商铺？

2. 你觉得什么地方最好，为什么？

三、重点环节：明确导游的工作内容，小组合作学做导游

1. 可是他们到了我们和美小镇遇到了麻烦，他们不知道和美小镇有多少商铺、分别在哪里，我们作为小镇公民该怎么办呢？（告诉他们、介绍等。）

2. 新知识点：在我们的生活中，有一种人的工作就是带客人

参观各个城市的景点。客人参观完景点，他的工作也结束了。像做这样工作的人，叫导游。小朋友，今天我们就一起来当小导游。

3. 你认为小导游要做些什么？教师小结：两个条件，一是去哪里（带客人去些什么地方，心中要有数）。二是怎么说（到了商铺后要想好怎么介绍商铺，让客人喜欢那里）。

4. 讲解。今天我们是第一次学做小导游，所以老师请四个小朋友一组合作学习。教师边介绍小组操作材料（风景图和导向板）边示范：把客人带到哪几个美丽的地方，依次放在导向板上。确定好地点后，四人协商怎么介绍这些商铺，让客人更好地了解商铺。

四、结束环节：小组选导游代表做讲解

1. 小导游介绍的时候要有礼貌，要热情。

2. 依次介绍，教师适当点评。

3. 鼓励另外三人为现场的老师做导游。

（北京市通州区教工幼儿园　辛建雨）

区域活动：

表演区：《我是小导游》

活动目标：通过表演导游带团活动，巩固导游带团的方法。

活动材料：导游旗、游客胸牌。

活动指导：观察幼儿表演导游的过程，和幼儿探讨在模拟导游活动中出现的问题。

（北京市通州区教工幼儿园　王岑）

美工区：

活动目标：为导游团制作导游旗。

活动材料：彩纸、剪刀、彩笔、装饰材料。

活动指导：

1. 观察各式各样的导游旗图片，设计自己喜欢的导游旗。

2. 根据自己设计的导游旗进行制作。

3. 介绍自己制作的导游旗并介绍它代表的含义。

（北京市通州区教工幼儿园　马晓庆）

培训案例一：

培训开始了，导游经理昕毅说：“欢迎你们加入我们的导游团队，今天我来给小朋友们进行培训，咱们这次的导游路线是围绕小镇主题“最美北京”开展的，我们将会有四条观光休闲线：步行街—植物园—快乐驿站（城堡）—小舞台（看演出）；游艺体验线：玩具超市—冒险岛；艺术创想线：创意吧—小舞台（表演体验）；时光旅行线：照相馆—邮局。为了让新导游能够更快熟悉路线，咱们一个个线路走一下吧。我就是你们今天的导游，请和我一起来吧！”就这样昕毅带着小朋友们挨个走了每一条线路。

由此可见，昕毅吸取了上次培训中的经验，在上次讨论后发现直接带新导游背导游词这个方法并不太好，新导游只能生硬地背下导游词，不能很好地实践应用。因此，这次昕毅当导游带着新导游体验了路线，在体验中新导游能更直观地了解导游工作。

支持策略：

1. 共同讨论丰富培训的方式。

2. 完善导游手册。

（北京市通州区教工幼儿园　辛建雨）

培训案例二：

畅畅来到导游培训地点，他在培训员那里领来了导游手册坐在椅子上看。培训员小树先进行了自我介绍："大家好！我是培训员小树，这次由我给大家进行培训。你们手里的是导游手册，你们先看一看，一会儿咱们一起讨论一下。"一个小朋友拿着导游手册问道："我们要带多少个小朋友游览啊？我们也不认识他们怎么办？"小树听了他的提问，看了看新导游："有没有小导游可以解答这个问题的？"于是畅畅站了起来："我看见每次导游团里的小朋友身上都挂着小牌，我们是不是可以通过这个牌子找到自己的成员啊？"小树说："是的，咱们出发前会发给每个小朋友一个小挂牌，上面写着咱们的团号，导游手上也会举着导游旗，这样就能找到自己的团队了。"畅畅又问："那在游览时候万一有小朋友走丢了呢？"小树问有没有小导游能继续解答，他见没有人出声便自己回答："如果小游客走丢了，我们要第一时间告诉老师，让老师帮忙一起找，咱们还要去服务中心进行广播，这样很快就会找到丢失的小游客。"就这样这次培训以一问一答的形式结束了。

分析：

培训开始了，畅畅成功地变成了小导游。这是他第一次参加培训活动，他在听培训员培训的时候非常专注，有自己的想法，能主动回答问题，有不懂的问题地能够大胆提出。

措施：

1. 多带孩子了解导游的工作，提前为上岗做好准备。

2. 鼓励幼儿大胆开口，勇敢表达。

（北京市通州区教工幼儿园　辛建雨）

畅游日：

案例一：

小镇开业了，张浩然带领第一组小朋友进行游览。第一次当导游的他，说话声音较小，在介绍商铺时，他只是简单地把商铺的名字向小朋友介绍了一下就结束了。旅游团的小朋友由于年龄较小，对所有事物都很好奇，所以东看看西看看，没有人听他的，就这样他带着小班小朋友走马观花地转了一圈，并没有对各商铺的具体内容做详细介绍。其中一个小姑娘问道："哥哥，我想买饼干，你能不能带我们去啊？"然然听了摸了摸头，看着老师说："老师，我忘了哪儿有好吃的了？我就知道水吧有卖饮料的！"于是在老师的提示下，他带着小游客找到了卖饼干的超市。

分析：

张浩然负责带领小班的游客熟悉小镇商铺。在这个过程中，他声音较小，也没有对商铺的内容进行详细介绍，对于小班幼儿提出的关于店铺的问题，也不能很好地解答。但浩然是个有耐心且友好的小男孩，其他游客游玩时可以耐心等待，不会过于急躁，不会催促其他小朋友。

措施：

对于店铺的位置了解得不够详细，缺乏对和美小镇店铺功能的了解。针对这个问题，教师应该在课上做一次详细讲解，让小朋友了解小镇各个店铺的位置和功能。

（北京市通州区教工幼儿园　王岑）

案例二：

以中国年为主题的和美小镇开业了。在新学期，大二班王思予小朋友第一次成了小导游。在开业初期，王思予小朋友跟她的爸爸妈妈一起通过视频、游玩等方式，了解了小导游的职责。在小镇开业的过程中，最开始她面对许多小游客时很是胆怯。这时候有的小朋友说："怎么不说话了呀？"有的小朋友看着周围的店铺说："这些都是什么呀？好漂亮啊！"也有的小朋友说："你们别说话了，我都听不到了。"此时旅游团队变得一片混乱。而王思予小导游先是紧张地沉默了一会儿，接着调整好状态鼓起勇气对旅游团队的小游客说："请大家先安静一下，我是这次的小导游，接下来我为大家介绍一下……"虽然有些磕磕绊绊，但是很顺利地完成了这次导游任务。

分析：

1. 王思予小朋友在面对老师交给她的小任务时，跟自己的爸爸妈妈一起很认真地完成了，并且通过不同方式和渠道来了解导游这个角色。

2. 由于是第一次担任导游，虽然做足了准备工作，但是王思予小朋友在面对实际情况的时候，还是有些经验上的不足，在表达能力上也稍有欠缺。

3. 在旅游团队一片混乱的时候，王思予小朋友很快调整好了自己的状态，履行好了自己导游的职责。

措施：

1. 多加锻炼和增加王思予小朋友的导游经验，在面对许多小游客时，能够勇于表现自己，表达自己的想法。

2. 巩固王思予小朋友的介绍词，能够很流利地为小游客介绍各个商店、摊铺。

（北京市通州区教工幼儿园　王岑）

案例三：

以跳蚤节为主题的和美小镇开业了。由于此次活动与其他形式的和美小镇活动不一样，王思予小导游在介绍时说："这次的和美小镇是以跳蚤节的形式开展的。这些店铺都是教工的小朋友们把自己闲置的物品放在这里，供小朋友们购买。"一个小游客说："我看到有一些小玩具都放在地上了，这是怎么回事啊？"王思予小导游说："这是一个游戏，叫套圈。小朋友可以通过套圈的方式来获得自己想要的物品。其他物品我们可以用和美币购买。"另一个小朋友说："可是我没有和美币了，怎么办啊？"王思予小导游说："我们可以用自己的一些物品进行交换，来获得自己想要的物品。"

分析：

1. 王思予小导游思路清晰，语言流畅，能很清楚明白地用语言表达自己的想法，为小游客解决了问题。

2. 王思予小导游对跳蚤节的内容很熟悉，能够自如地应对小游客的不同问题，并能很好地对小游客的问题进行解答。

措施：

1. 对王思予小朋友进行进一步的导游知识的培训，加深她对导游工作的理解，以便在面对实际发生问题的时候，能够顺利解决。

2. 王思予小朋友给班内其他小朋友进行导游培训，使其能够在自己理解和提升的同时，帮助其他小朋友了解导游的职责。

（北京市通州区教工幼儿园　辛建雨）

案例四：

上次和美小镇开业我们的小导游王思予小朋友表现得很优秀，此次以年货节为主题的和美小镇依旧让王思予小朋友担任小导游。最开始，她主动跟小游客打招呼，并且很耐心地为小游客们进行讲解。这时一个小朋友问她："你好，导游。我可以自己去别的地方看一看吗？"王思予小导游说："可以的，你们也可以带上自己的和美币去买自己想买的东西。”另一个小朋友问：“那我们买完自己想买的东西就可以回班了吗？”王思予小导游说：“还不能，我们要集合之后再去别的地方参观一下，或者买别的东西。”那个小朋友说：“好的，那我们买完东西就马上回来集合。”之后，王思予小朋友带着其他不买东西的小游客等着那些买东西的小游客回来。

分析：

1. 王思予小朋友在面对突发状况时，能够灵活运用语言为小游客解决问题。

2. 王思予小朋友没有告诉小游客集合的地点和时间，也没有带领不买东西的小游客做其他的事情，可见她在解决问题的能力方面还是有些欠缺。

措施：

1. 表扬王思予小朋友在面对突发状况时，能够灵活运用语言能力解决问题。

2. 继续锻炼王思予小朋友合理利用时间的能力。

（北京市通州区教工幼儿园　辛建雨）

和美小镇和美警局实践案例

一、商铺架构

（一）商铺名称

和美警局

（二）经营内容

1. 负责小镇居民的安全。
2. 维护交通安全和交通秩序，处理交通事故。

（三）目标

1. 警察能够提醒幼儿排队进店铺，疏散人多店铺排队等位的客人。
2. 警察可以为走丢或者需要帮助的幼儿指路。
3. 警察能够及时发现小镇的安全隐患，及时提醒店铺进行整改。
4. 交警能及时疏通交通堵塞。
5. 交警可以处理交通事故。

（四）材料准备

警察制服、交警制服、扩音器、对讲机（图片）。

1. 场地要求：场地图片

2. 所需材料

角色材料	警长	岗位职责、对讲机
	交警	交警制服、对讲机、扩音器
	警察	警察制服、对讲机、扩音器
操作材料（多指顾客操作）	到访登记表	寻求帮助人员进行个人信息登记

（五）商铺职位（基础配置）

岗位	人数	适合年龄	工作内容	和美币
警长	1	5 ~ 6 岁	管理警察团队，处理突发状况	5
交警	2	4 ~ 6 岁	能及时疏通交通堵塞、处理突发交通事故	2
警察	2	4 ~ 6 岁	负责小镇居民安全，为需要帮助的游客提供帮助	2

商铺人员关系图：

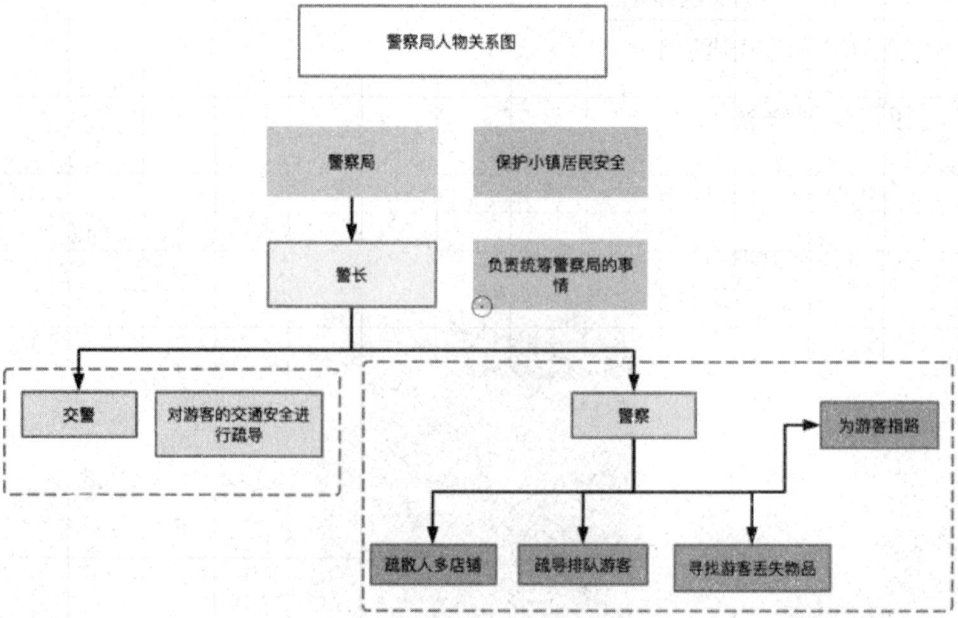

顾客体验流程图：

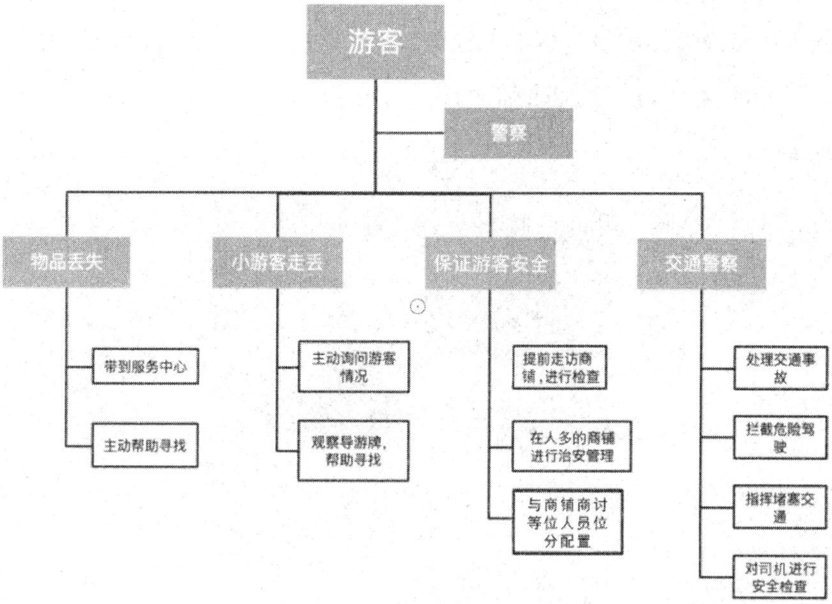

（北京市通州区教工幼儿园赵萌）

二、小镇活动组织

招聘周：

招聘方案：

（一）活动主旨

为了更好地落实《指南》精神，建构幼儿园园本课程理念，同时结合本月小镇畅游日活动主题，开展“开业季”的活动，让幼儿在招聘、参与、宣传等活动中充分感受活动内容，提升自我规控能力。

（二）活动目标

1. 愿意参与小镇畅游日活动，能感受到微社会实践活动的乐趣。
2. 在活动中了解警察的身份与工作特点，能够按照角色与顾客互动。
3. 能在招聘活动中大胆表达自己，为应聘做好准备。

（三）活动时间、地点

1. 时间：9 月第一周上午 9：00—11：00
2. 地点：幼儿园和美小镇

（四）活动安排

阶段	内容	负责人	照片
成立招聘组	1. 制作招聘海报，发布招聘信息 2. 成立招聘组 3. 进行考官培训	许思涵	
招聘宣传	1. 成立招聘宣传组 2. 进行岗位招聘信息宣传	赵萌	
现场招聘	1. 整理场地 2. 考官现场招聘	李文玲	

续表

阶段	内容	负责人	照片
发放聘书	1. 制作聘书 2. 与和美邮局沟通聘书送达位置	许思涵	

（五）招聘要求

岗位	人数	适合年龄	工作内容	和美币
警长	1	5 ~ 6 岁	1. 对小镇商铺进行介绍 2. 能合理规划、统筹警察局的各项工作 3. 具有良好的语言表达能力	5
警察	2	4 ~ 6 岁	1. 能主动帮助需要帮助的游客并为他们解决问题 2. 具有良好的沟通能力 3. 接待游客时能做到微笑服务 4. 保证游客和商铺的安全	2
交警	2	4 ~ 6 岁	1. 能及时发现行车过程中司机出现的问题 2. 在活动中能解决突发的行车的问题，堵车时，能积极主动地疏通交通。	2

（北京市通州区教工幼儿园　赵萌）

招聘案例一：

和美小镇开业啦！警察局又要招聘新的警员了，作为既有责任心、勇于担当又乐于助人的大印小朋友在班级票选时勇于表现自己，获得了小朋友们的肯定，最终获得警长一职。

赵：印印，别忘了对待应聘人员要热情，要认真听别的小朋友说话，可以适当问一些问题。

印：好的。

警察局招聘开始啦！

印：您好，您想应聘什么职位呢？为什么想应聘呢？您有哪些优点呢？在工作中如果出现一些小问题，您会怎么解决呢？

大印既专业又热情的态度，让应聘者敢说、敢做、敢想，招聘现场十分热闹。直到遇见了一位不敢说话的男孩子……

印：您好，您想应聘什么职位呢？

小男孩：……（他低着头，不敢回答）

印：请问你叫什么名字？是哪个班的呀？

小男孩：我是……（由于小男孩的声音特别小，大印似乎没听清）

印：没关系的……不要怕，你应该有简历吧？你把简历拿给我看一下就行了……

小男孩点点头，将手里的简历递给了大印。

大印边看图边说："哦，你想应聘警察是不是？"

小男孩听到后激动地点点头："嗯，对。"

大印见他不再那么紧张，于是问他："好的，我知道啦……你叫什么名字呢？是哪个班的？你为什么想应聘警察呢？……"

就这样在大印的引导下，小男孩不再不敢说话，不敢表达。

张祖印在班级中是比较活泼开朗、比较愿意帮助别人的小朋友，他会换位思考，处理事情时较冷静。在面对不敢说话的小男孩时，他作为"警察局"的小领导，没有惊慌，而是有条不紊地引导小男孩一步一步地慢慢表达。

小镇招聘结束后，把这件事跟班级里的小朋友们分享，让他们了解事情的起因、经过、结果。和小朋友们认真剖析这件事背后的因素，同时对大印的表现给予相应的肯定。

（北京市通州区教工幼儿园　许思涵）

招聘案例二：

堂：水吧的工作人员你们好，我是和美警察局的小警察，这次我是来例行安全检查的，请大家配合我！在检查时我会询问一些小问题。

堂：请问你们店铺都有哪些员工？他们分别负责哪些工作？人多的时候你们是怎样分配工作的呢？

堂：大家都知道人多时比较容易出现一些危险情况，请你们想想可能会有哪些情况呢。（人多，排队拥挤，排队的人过多影响其他人畅游）

堂：人多时，你们可以合理安排进出口，尽量控制店铺内的人数，防止危险情况发生。

堂：如果人数较多，可以找我们警察帮忙疏通。

堂：谢谢你们的配合！

安全小课堂来喽！

如果你们遇到困难也可以找交警帮忙哟！

交警主要负责及时疏通道路；处理突发的交通事故；可以为小司机宣传安全驾驶的知识；在巡逻时及时制止危险驾驶的行为等。

堂：所以，大家在遇到困难时欢迎找我们解决。

分析：

幼儿在安全排查工作时认真负责，可以勇敢地提出很多问题，并且帮忙解决，还努力地去做安全知识讲座。小警察这一角色，帮助幼儿提升了人际交往能力和解决问题的能力。

措施：

活动结束后，跟班级的小朋友分享这件事，让他们了解事情的起因、经过、结果，和小朋友们认真剖析这件事背后的因素，同时对小警察的表现给予相应的肯定。

（北京市通州区教工幼儿园　许思涵）

培训周：

培训方案：

（一）活动主旨

为了更好地落实《指南》精神，建构幼儿园园本课程理念，同时结合本月小镇畅游日活动主题，开展“开业季”的活动，让幼儿在招聘、参与、宣传等活动中充分感受活动内容。

（二）活动目标

1. 愿意参与小镇畅游日活动，能感受到微社会实践活动的乐趣。

2. 能够利用多种途径了解自己的工作内容，并按照要求上岗。

（三）活动时间、地点

1. 时间：9 月第二周每天上午 9：00—11：00

2. 地点：幼儿园和美小镇

（四）活动安排

阶段	内容	负责人
成立培训组	1. 成立培训组 2. 商讨培训内容	赵萌
培训	1. 根据岗位进行培训 2. 实操演习	许思涵
发放培训通过证书	1. 培训考核 2. 发放培训通过证书	李文玲

（北京市通州区教工幼儿园　许思涵）

集体教学活动一：

活动名称：警察与司机

活动目标：

1. 使小朋友们感到快乐、好玩，在不知不觉中学习和掌握了相应知识。

2. 学会与同伴友好相处。

3. 懂得遵守游戏规则，能感受参加集体活动的乐趣。

教学重点：正确使用反义词，丰富幼儿的反义词词汇。

教学难点：培养幼儿遵守游戏规则的自觉性，能够服从“警察”的指挥。

活动准备：红绿灯指示板。

活动过程：

一、学习反义词

1. 理解反义词的含义。

2. 教师出示一个词或一个句子，幼儿说出相反的词或句子。

3. 由幼儿代表出题，其他幼儿对反义词。

二、学习游戏：警察与司机

1. 学习儿歌：《警察与司机》。

2. 与幼儿一起讨论，归纳出游戏的规则。

a. 警察说出一个词或一个句子后，司机必须说出相反的词或句子。

b. 如果司机回答正确，警察就亮出绿灯，汽车即可通过。否则反之。

3. 引导幼儿游戏。

a. 运用游戏对话语言，逐步学习一对对反义词。

b. 与全体幼儿进行游戏。

三、幼儿自主游戏

让幼儿自由结伴，轮流扮演警察和司机，进行独立游戏活动。

（北京市通州区教工幼儿园　许思涵）

集体教学活动二：

活动名称：我是小警察

活动目标：

1. 产生尊敬警察叔叔的感情和向警察叔叔学习的愿望。

2. 能用“假如我是警察，我要……”的句式进行想象讲述，提高语言表达能力和想象能力。

3. 初步了解警察这一职业的基本情况，懂得要做一个遵纪守法的人。

4. 培养幼儿与同伴的相互配合的意识。

5. 遵守社会行为规则，不做“禁止”的事。

活动准备：活动前教师与警察取得联系，幼儿事先准备问题。

活动过程：

1. 引出话题

教师请社区民警与幼儿座谈，鼓励幼儿大胆提问：平时，大家都很喜欢模仿警察叔叔，有的小朋友长大以后还想当警察。今天有机会和他们坐在一起聊聊，你们最想问他们什么问题呢？

2. 采访警察叔叔

教师引导幼儿向警察叔叔提问，了解其职业特点和工作情况：关于警察叔叔的工作，你们有些什么问题想向他们请教呢？

教师引导幼儿提问，幼儿了解了警察的种类、警察的工作特点。重点介绍了交警和110民警的工作。

3. 想象讲述：假如我是警察，我要……

（1）通过了解警察的工作，引导幼儿进行想象讲述，并运用规定的格式“假如我是警察，我要……”

（2）幼儿在集体中讲述，教师巡回倾听。

（3）幼儿在集体中讲述，其他幼儿点评。

4. 和警察叔叔一起玩游戏、表演节目等。

（北京市通州区教工幼儿园　赵萌）

集体教学活动三：

活动名称：怎样做最安全

活动目标：

1. 懂得遇到突发事件时不拥挤，一个跟着一个走更节省时间。

2. 增强安全和自我保护意识。

活动准备：一些因拥挤踩踏而发生人员伤亡的影像资料：自制教具：瓶子里放几个带线小球，瓶口大小只能让一个小球通过。

活动过程：

导入环节：通过实验引出话题

活动前我先做了这样一个实验，想看看孩子们到底表现如何。我对班里的男孩子们说："操场上有一些新玩具，请男孩子们去玩，谁先拿到谁就先玩。"男孩子们一听立刻来了精神，都争先恐后地往外跑，由于门比较窄，只能同时容纳两个人通过，几个人一起挤在门口，有两个人当时就被挤到了，其他人也出不去了。

基本环节：

讨论：拥挤的后果是什么？

我赶紧把男孩们叫回来，组织全班小朋友一起讨论：男孩子们是怎样出去的？这样出去的后果是什么？

重点环节：

1. 看视频资料，引起心灵的震撼。讨论完后，我请小朋友们观看视频资料，一些因拥挤踩踏而发生人员伤亡事故的画面。看完视频资料，小朋友们都很震惊，真是太可怕了，纷纷表示不能拥挤、不到人多的地方去等等。

2. 通过实验，明白"有序比拥挤更节省时间"接着我又给小朋友们做了这样一个实验，在一个瓶子里放进几个带线的小球，瓶口的大小只够一个小球通过，然后请几个小朋友一起拉线，看谁能把小球拉出来，小朋友们用了很长时间也没能把小球拉出来，然后我又请大家一个接一个地拉，很快小球一个一个都被拉出来了，然后提问。

师：要把小球都从瓶子中拉出来，是大家一起拉快呢，还是一个一个拉快呢？

幼：一个一个拉更快。

师：为什么一个一个拉要比一起拉更快呢？

幼：瓶口太小了，大家一起拉，小球挤在一起谁也出不来。

幼：一个一个拉，瓶子里的小球越来越少，就能很快拉出来了。

这个实验使大家懂得：一个跟一个按顺序走（跑），要比拥挤快得多，而且更安全。

延伸活动：火灾撤离演习

第二天，我们组织幼儿进行了一次火灾撤离演习，小朋友们在不知情的情况下，没有拥挤，而是有序、快速地撤离到了安全地点。

（北京市通州区教工幼儿园　赵萌）

区域活动：

表演区：

目标：培养幼儿乐意在众人面前大胆发言，勇于表现自我。

在培训周中，幼儿可以在表演区里和其他小朋友一起模拟警察和交警的角色。教师可以给出一些突发情况，请警察来解决问题。或者请幼儿表演自己在小镇中出现的问题，请警察用自己的方式方法解决。角色模拟能够培养幼儿大胆发言和解决问题的能力。

（北京市通州区教工幼儿园　张艳燕）

科学区：

目标：幼儿能正确使用对讲机

在培训周中，幼儿可以充分了解、探索对讲机的使用方法以及使用距离，在小镇活动中，警察可以快速利用对讲机进行沟通。

（北京市通州区教工幼儿园　张艳燕）

家长资源：

邀请做警察的家长为幼儿进行升旗活动，让幼儿感受警察的气质与正面形象。告诉幼儿遇到自己解决不了的关于警察的事时，要及时请教警察叔叔。

（北京市通州区教工幼儿园　许思涵）

培训案例：

和美警察局之法治小课堂

印：亲爱的小朋友们，大家好！我是和美警察局的警长，负责警察局日常的工作。

印：今天就由我给大家做这次培训，小朋友们知道警察是干什么的吗？（抓坏人、在遇到困难时，帮助自己的人。）那你们在日常生活中是怎样一眼就看出这个人是警察的呢？（通过制服。）

印：其实，在和美小镇中也有很多穿制服的小警察，那请问你们在和美小镇畅游时会遇见哪些问题呢？遇到问题时我们应该找谁呢？（警察叔叔。）

印：警察局除了有警察以外，还有一个职位是负责指挥交通的，大家知道是谁吗？（交警。）

印：那你们知道交警除了负责指挥交通还负责什么呢？

其实交警负责的工作有很多。比如，及时疏通道路，处理突发的交通事故，为小司机宣传安全驾驶的知识，在巡逻时及时制止危险驾驶的行为等。

印：所以，在遇到困难时欢迎大家找我们解决。

（北京市通州区教工幼儿园　许思涵）

和美警局培训说明

培训内容	形式	实现目标定位	资源利用	备注
警长	集体教学 幼儿讨论 现场演练	1. 了解所有警察的工作内容 2. 合理安排好警察需要站岗的点位 3. 统筹安排警察的全部工作	现场培训 集体教育活动 家长资源	
警察	集体教学 幼儿讨论 现场演练	1. 保证小镇的治安 2. 在游客需要帮助时积极提供帮助 3. 及时疏散人多的商铺	现场培训 集体教育活动 家长资源 现实模拟演练	
交警	集体教学 幼儿讨论 现场演练	1. 能及时疏通交通 2. 处理突发交通事故 3. 可以为司机讲述安全驾驶知识 4. 及时制止危险驾驶的行为	现场培训 集体教育活动 家长资源 现实模拟演练	

（北京市通州区教工幼儿园　赵萌）

畅游日

案例一：

春天畅游的活动结束后，我们在班级中进行小结时，小交警说出了他今天在工作中发生的事情："我今天在工作中遇到一个游客骑车，和一个拉着客人的黄包车撞在了一起，骑三轮车的追尾了。骑三轮车的小游客根本不解决，也不跟车夫道歉，还把车夫拉的小客人吓到了，那个客人是小班的游客，吓得哇哇哭。车夫是大班的工作人员，就一直在安慰小游客。我看到这起事故就判定了三轮车的司机全责，他得给车夫道歉，还要带小客人去医务室看看是否受伤，但是三轮车司机骑车就要跑，着急去玩游戏，我一再阻拦，一开始还好好说，但是他根本听不进去我的话，后来我就急了，说：如果再不带游客去医务室检查是否受伤，我就要把他的车收回，不允许他再骑车了，并好好跟他解释了很长时间，他才决定听我的，去解决问题了。这是我第一次遇到这样的事故，我觉得我处理得非常好，因为上次我爸爸也遇到过这样的事情，警察叔叔真的就是我这样解决的。这次我也这么解决，车夫、小游客、司机对我们的解决方式也很肯定。我对我这次的做法也很满意。"班里的小朋友听到小交警处理事情的方式，有的幼儿说出了之前父母也有过类似的情况，警察也是这么处理的；还有的幼儿连声夸赞小交警处理得好。通过这件事，班级里其他幼儿以后遇类似的事故，不管是在小镇里，还是在日常生活中和爸爸妈妈在一起，都可以尝试自己解决了。

（北京市通州区教工幼儿园　赵萌）

案例二：

本月小镇活动的主题是最美北京，因为每次招聘活动都是在月初进行，当得知孩子应聘上小警察后，有的家长就带领孩子去天安门看了升旗仪式，看到了人民警察工作时的严肃样子。还看到了有游客问路，人民警察对待游客说话时的样子和为游客指路的行为举止。和美小镇的小警察遇到问路游客，也能积极的解答。小班有一个小游客在这次活动中走丢了，在操场上大声哭了起来，小警察赶紧跑上前，对小游客说："你别哭，你别哭，我是和美小镇的警察，我可以帮助你。"小游客看到穿警服的小警察，立刻大声说："小警察，我是小三班的，我找不到我们班的旅行团了。”小警察马上看到他胸前旅行团的标志，拉着走丢的小游客去寻找他的导游，从小镇一进门的邮局开始一个商铺接着一个商铺地带着小游客寻找，最后走到小花园才找到小游客的旅行团，并及时和小导游进行了沟通：“请你在每次走一个商铺的时候一定要清点一下人数，确保你的游客都跟着你一起活动，别再丢游客了。”小导游听取了小警察的意见，连声说谢谢，并且记住了小警察的话，在每次离开一个商铺的时候都会数一数自己的游客，确保没有人走丢。

（北京市通州区教工幼儿园　赵萌）

案例三：

本月的畅游活动因为气温的原因在楼道内进行，每个商铺在自己班级门口设置了摊位，其中多功能厅作为美食街吸引了很多游客，所以在活动前期，小警察们就在这里设置了点位，加强了警力。活动分年级进行，小班游客由大班导游带着进行团体性的消费活动，秩序还算可以，小警察只需要做简单的疏导，用小喇叭进行安全提示。中班游客开始活动后，幼儿自主参与，一开始大家就都到美食街来买小吃，人数的突然增多导致了秩序混乱，这时候有经验的涵涵小警察立刻开始对后来的游客进行分流，并大声做出提示：“现在美食街人数较多。”请大家先去其他商铺参加活动，并开始拦住了后来的幼儿，每次只请五个幼儿进入美食街，让其他游客在门口等待。慢慢地因为小警察限流与分流的好方法，一直到大班游客参加完，美食街都井然有序。由于在室内活动，除了美食街的爆满，小警察还关注到了楼梯这一安全隐患。小警察在活动时就跟老师进行了沟通，因为警力不足，能不能每层楼请一位老师站岗，保护游客的安全，把小警察安排在人多的商铺中。经过沟通老师们也支持小警察的意见，楼层的站岗由老师负责，重点摊位的治安由小警察负责。

（北京市通州区教工幼儿园　许思涵）

案例四：

这次穿越月中，小警察都身穿了不同年代的警察制服。很多孩子从小就有警察梦，警察在孩子们心中的形象是非常正面的、积极的。所以有些孩子家里都有一些警察的服装。孩子们在应聘上小警察后，在穿越月都穿上了自己的警察制服。站岗的警察还给自己佩了枪，背在后背上，在站岗的时候，站得更直了，俨然真的警察。这次搭建体验屋举办的是穿越丛林的活动，给体验的幼儿准备了玩具枪和防弹背心，让所有幼儿都能在游戏中感受到警察在战争中激烈的打斗，以及在闷热的夏天穿着厚重的防弹衣的辛苦。在这次活动中，小游客们看到不同年代警察制服的变化，也发表了自己的意见。这次的警察不同以往，还有一个小女警。小女警在此次活动中更受游客的喜欢，游客们在看到女警察的时候会主动上前沟通，还有照相馆的幼儿主动询问女警察可不可以合影。小女警在活动中，帮助小游客解决了很多问题，用自信心和爱帮助了他人。在班级小结中，小警察也表示对自己这次的工作很满意，还说下次还要应聘小警察，希望能帮助到更多小游客。

（北京市通州区教工幼儿园　许思涵）

和美小镇照相馆实践案例

一、商铺架构

（一）商铺名称

和美照相馆

（二）经营内容

拍照

（三）目标

1. 明确自己在游戏中的职责，学会坚守岗位，勇于解决问题。
2. 能够礼貌待人，愿意与同伴交往，体验不同角色带来的感受，角色间能积极交流。

（四）材料准备

1. 场地要求：

2. 所需材料

角色材料	经理	服装、胸牌
	收银员	收银机、游戏币、笔、本
	化妆师	服装、饰品
	摄影师	照相机、自制图册
操作材料 （多指顾客操作）	顾客	服装、饰品、图册

（五）商铺职位（基础配置）

岗位	人数	适合年龄	工作内容	和美币
经理	1	5 ~ 6 岁	负责协调照相馆内人员安排以及处理突发情况	5
收银员	2	5 ~ 6 岁	负责收银	2
化妆师	3	4 ~ 5 岁	负责为顾客化妆、帮顾客挑选适合的服饰	2
摄影师	4	4 ~ 6 岁	负责拍照并指导顾客做动作	2

商铺人员关系图：

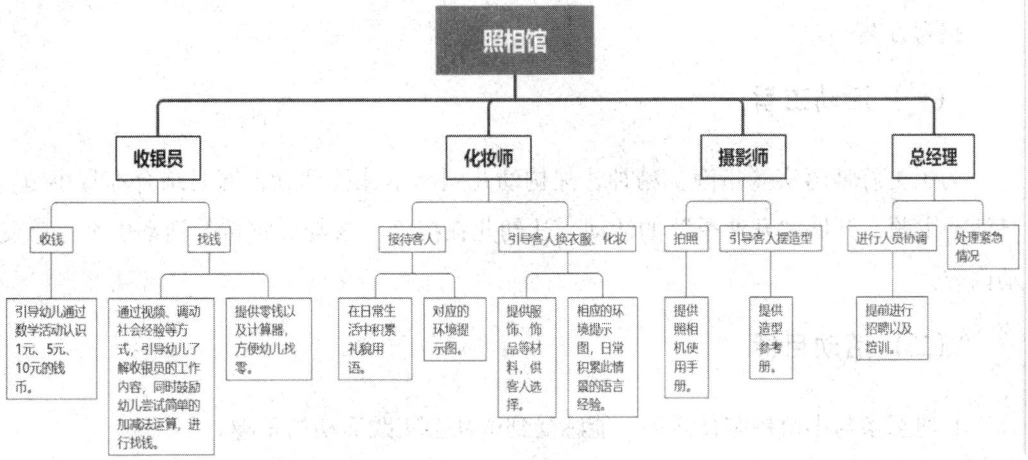
照相馆
收银员
化妆师
摄影师
总经理
收钱
找钱
接待客人
引导客人换衣服、化妆
拍照
引导客人摆造型
进行人员协调
处理紧急情况
引导幼儿通过数学活动认识1元、5元、10元的钱币。
通过视频、调动社会经验等方式，引导幼儿了解收银员的工作内容，同时鼓励幼儿尝试简单的加减法运算，进行找钱。
提供零钱以及计算器，方便幼儿找零。
在日常生活中积累礼貌用语。
对应的环境提示图。
提供服饰、饰品等材料，供客人选择。
相应的环境提示图，日常积累此情景的语言经验。
提供照相机使用手册。
提供造型参考册。
提前进行招聘以及培训。

顾客体验流程图：

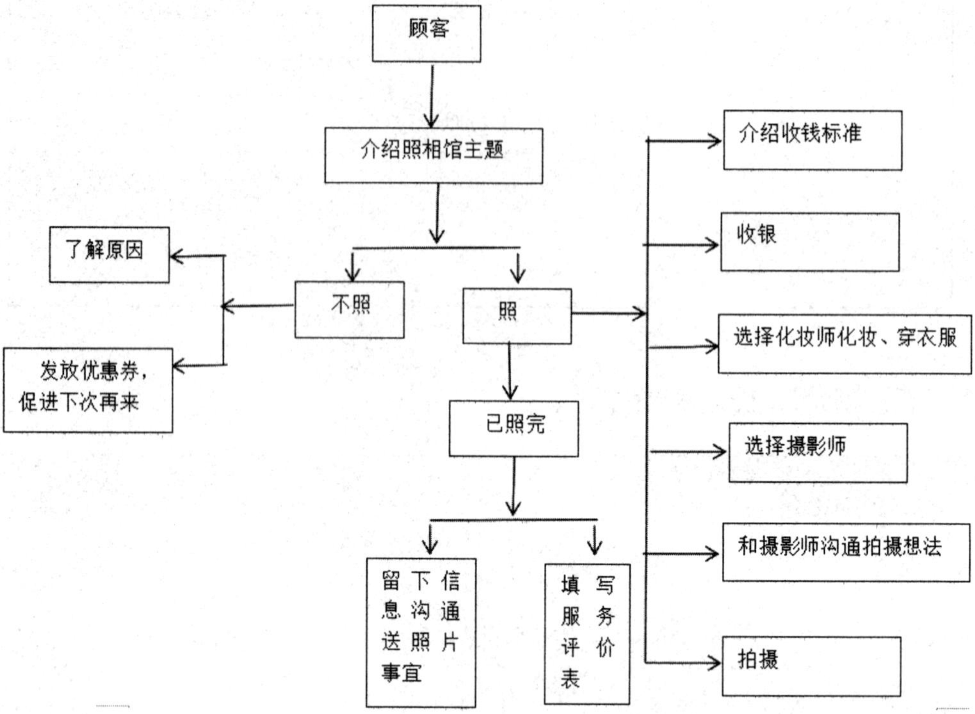

（北京市通州区教工幼儿园　王佳鑫）

二、小镇活动组织

招聘周：

招聘方案：

（一）活动主旨

为了更好地落实《指南》精神，建构幼儿园园本课程理念，同时结合本月小镇畅游日活动主题，开展“开业季”的活动，让幼儿在招聘、参与、宣传等活动中充分感受活动内容。

（二）活动目标

1. 愿意参与小镇畅游日活动，能感受到微社会实践活动的乐趣。
2. 在活动中了解照相馆的特点，能够按照角色与顾客互动。
3. 能够利用多种途径了解照相馆的工作内容，并按照要求上岗。

（三）活动时间、地点

1. 时间：2021 年 9 月上午 9：00——11：00

2. 地点：幼儿园和美小镇

（四）活动安排

阶段	内容	负责人
成立招聘组	1. 制作招聘海报，发布招聘信息 2. 成立招聘组 3. 进行考官培训	李明明
招聘宣传	1. 成立招聘宣传组 2. 进行岗位招聘信息宣传	王佳鑫
现场招聘	1. 整理场地 2. 考官现场招聘	王晶
发放聘书	1. 制作聘书 2. 与和美邮局沟通聘书送达位置	王佳鑫 王晶 李明明

（北京市通州区教工幼儿园　王佳鑫）

招聘案例一：

“你是想要应聘照相馆的职位吗？”“嗯嗯。”“那你想要应聘哪个岗位？”“我不知道。”面试官拿出照相馆的宣传海报，指着那两张照片说：“你看看，我们招聘化妆师和摄影师，你想应聘哪个？”“我想应聘摄影师。”面试官拿出了面试评分表，开始进行岗位评分提问。“你会照相吗？”“我会一点点。”“好的。”在招聘活动中，面试官能够跟应聘者熟练地一问一答，可以根据应聘者的回答进行下一个提问。但是提问的内容过于单一，并没有根据评分表上的内容进行提问。在后续，我们会与面试官共同沟通照相馆工作的不同之处，让面试官自己去感受对照相馆工作人员应该有怎样的要求，并以此为依据进行面试。

（北京市通州区教工幼儿园　王佳鑫）

招聘案例二：

此次小镇活动的主题是“最美中国年”，照相馆增加了和年味打卡地合影的活动，在招聘时，我们要注意这一点。“你想要应聘摄影师对吗？”“对的。”“你知道我们幼儿园的网红打卡地都有哪些吗？它们都在哪层楼的哪个地点吗？”“我知道一点点。”“好的，如果应聘成功了，你需要熟悉这些打卡地才能更好地为客人拍照，可以吗？”“可以。”“好的，我们的面试就到这里了。如果应聘成功，我们会给你送去应聘书。”“好的。”“下一位。”

分析：相比前几次的面试，这次面试官更加熟练了，提出的问题基本和评分表的内容一致，和岗位需求更加贴切。但在面试过程中，有时需要老师在一旁提醒或者帮助。

措施：在接下来的培训中，我们会更加注意对面试官独立性的培养，使其问问题时更加独立自主，不依赖老师。我们会提前对幼儿进行活动主题内容的渗透，使他们更加了解活动流程，提问时更加清晰流利。

（北京市通州区教工幼儿园　王佳鑫）

岗位	人数	适合年龄	工作内容	和美币
化妆师	2	4 ~ 6 岁	负责为顾客化妆、穿好衣服	2
摄影师	2	4 ~ 6 岁	负责为顾客摆好造型，拍照	2

（北京市通州区教工幼儿园　王晶）

培训周：

培训方案：

（一）活动主旨

为了更好地落实《指南》精神，建构幼儿园园本课程理念，同时结合本月小镇畅游日活动主题，开展“开业季”的活动，让幼儿在招聘、参与、宣传等活动中充分感受活动内容。

（二）活动目标

1. 愿意参与小镇畅游日活动，能感受到微社会实践活动的乐趣。

2. 在活动中了解照相馆的特点，能够按照角色与顾客互动。

3. 能够利用多种途径了解照相馆的工作内容，并按照要求上岗。

（三）活动时间、地点

1. 时间：2021 年 9 月上午 9：00—11：00

2. 地点：幼儿园和美小镇

（四）活动安排

阶段	内容	负责人
成立培训组	1. 成立培训组 2. 商讨培训内容	李明明
培训	1. 根据岗位进行培训 2. 实操演习	王佳鑫
发放培训通过证书	1. 培训考核 2. 发放培训通过证书	王晶

和美照相馆培训说明

培训内容	形式	实现目标定位	资源利用	备注
化妆	视频、现场	1. 会使用化妆工具为客人化妆，并装扮漂亮 2. 能礼貌、友好询问客人需要	家园合作，观看化妆品使用方法	
摄影	实操、观看操作手册	1. 会熟练使用平板照相 2. 能大胆为客人摆出心仪的造型	优秀摄影师授课形式	

（北京市通州区教工幼儿园　王佳鑫）

培训中生成的集体教学活动：

教育活动（一）

领域：社会

一、活动名称：《照相馆里的大发现》

二、活动目标：

1. 欣赏照相馆图片，了解照相馆的构造。

2. 认识照相馆里的职业组成。

三、活动重难点：了解照相馆里的职业分布

四、活动准备

1. 材料：照相馆的照片

2. 经验：有去过照相馆照相的经历

五、活动过程

1. 导入环节：谈话导入

教师 T：这学期我们继续开展小镇活动，这次我们班负责照相馆。你们有谁去过照相馆吗？（幼儿自由举手回答）

教师 T：我看好多小朋友都去过，那我们今天就跟随照片一探照相馆里的究竟。

2. 基本环节：出示照相馆图片，引导幼儿了解照相馆的构造

教师 T: 请小朋友们看大屏幕上的图片，你们发现照相馆里都有什么？（幼儿自由回答）

教师 T：有在前台收钱的，有负责照相的，还有负责化妆的。看完这些照片，老师认为还应该有个馆长，负责整体的管理工作，你们认为呢？

教师 T：那你们看看照相馆门口站着的那个姐姐，她在干什么？（幼儿举手回答）

教师 T：说得很好！那我们的照相馆是不是也需要一个工作人员站在门口宣传，为照相馆招揽生意啊？

教师 T：我们总结一下，照相馆里都有什么：收银员、摄影师、化妆师、馆长、宣传员。那这些岗位都需要做什么呢？接下来我们看一段其他照相馆的小视频，小朋友们要仔细观看。

3. 重点环节：观看视频，总结岗位职责

教师 T：小朋友们，刚才我们看了照片和视频，你们能说一说照相馆里这些工作人员都有哪些职责吗？他们各自都有哪些工作任务呢？比如收银员需要干什么？（幼儿举手回答）那摄影师有哪些工作任务呢？（幼儿自主回答）

教师 T：小朋友们说得都很好，那我们一起来总结一下照相馆内工作人员的工作职责。首先是接待员，他一定要热情地招呼顾客，他是顾客对我们照相馆的第一印象。

教师 T: 然后是收银员，他要会简单的数与数之间的算法，要有礼貌，负责收钱和找零。

教师 T：其次是摄影师，他需要有精湛的拍照技术，能给顾客拍出满意的照片。

教师 T：化妆师需要给顾客化妆和打扮，搭配衣服饰品，需要有很好的审美能力。

教师 T：最后是馆长。馆长需要掌握整体大局，哪里有需要都要及时过去。馆长需要有良好的沟通能力，也要具备一定的管理能力，当然最重要的是热情饱满的工作态度。

4. 结尾环节

教师 T：以上就是我们这次照相馆需要的几个岗位，接下来我们要开始招聘以上岗位。如果有哪些小朋友认为自己可以胜任，可以来找老师报名。

（北京市通州区教工幼儿园　王晶）

教学活动（二）

领域：艺术

一、活动名称：《年画欣赏》

二、活动目标：

1. 欣赏年画，发现画面中的常用色彩，感知其鲜明的色彩风格。

2. 简单了解年画所呈现的不同主题及其蕴含的吉祥寓意。

3. 能用鲜明的色彩为年画上色，表现出年画的喜庆氛围。

三、活动重难点：了解年画的吉祥寓意

四、活动准备

1. 材料：“年画”组图；“美丽的年画”组图、“年画的寓意”音频及组图、彩色笔、剪刀。

2. 经验：请家长在家带领孩子一起搜集年画。

五、活动过程

1. 导入环节：出示组图“年画”，鼓励幼儿说一说新年时的喜庆布置，引出年画。

教师 T：新年就要到了，人们会怎样装饰，让家里变得更喜庆呢？（贴福字、挂灯笼、贴春联……）

教师 T：看看图片上的人们正在装饰什么？你们见过这样的画吗？

教师 T：是年画，是过年时人们贴在门上或墙上的画，表达了过年吉祥、喜庆的节日氛围，寄托着人们对新年的祝福。

2. 基本环节：出示组图“美丽的年画”。引导幼儿欣赏年画，分享、交流自己喜欢的年画。

（1）鼓励幼儿充分欣赏年画

教师 T：年画好看吗？看看这些年画上都画了什么？

（2）请幼儿分享、交流自己喜欢的年画

教师 T：你最喜欢哪一幅年画？这幅年画上画了什么呢？

3. 重点环节：播放音频及组图“年画的寓意”，引导幼儿简单了解年画蕴含的吉祥寓意。

教师 T：刚刚我们看到了很多好看的年画，每幅年画上的图案都不一样，这些图案还代表着不同的祝福。都有哪些祝福呢？我们一起来了解一下吧。

（1）播放音频及图片“年画的寓意：健康长寿”

教师 T：这幅年画代表了什么美好的祝福呢？看看年画上的爷爷年纪怎么样？你是从哪儿看出来的呢？（胡子、手杖）

教师 T：年画上的爷爷叫作寿星，他可是一位长寿的神仙。猜猜他代表了什么美好的祝福（健康、长寿）

教师 T：一起来听听寿星爷爷是怎么说的吧。

教师 T：寿星是代表长寿的神仙，新年时贴上寿星的年画，能表达人们希望家人健康长寿的美好愿望。

（2）播放音频及图片“年画的寓意：财源滚滚”

教师 T：这幅年画上画的也是一位神仙。猜猜他是什么神仙呢。你是从哪儿看出来的？（财神；金元宝和聚宝盆）

教师 T：年画上画的是财神爷爷，他掌管着很多财宝。猜猜他代表了什么美好的祝福。（发财）

教师 T：一起来听听财神爷爷是怎么说的吧。

教师 T：财神掌管着人们的财宝，新年时贴上财神的年画，能表达人们希望新的一年财源滚滚、收获更多金银财宝的愿望。

（3）播放音频及图片“年画的寓意：年年有余”

教师 T：这幅年画上小朋友捉到了鱼，这可能代表了什么美好的祝福呢？（年年有余）

教师 T：一起来听听小朋友是怎么说的吧。

小结：新年时贴上画有大鲤鱼的年画，能表达人们希望年年有余、年年都能收获很多食物的美好愿望。

（4）播放音频及图片“年画的寓意：驱邪避凶”

教师 T：这两张贴在门上的年画画的都是人们的守护神——门神。

教师 T：看看他们的动作 / 表情是什么样子的。

教师 T：他们拿着武器做这样的动作、表情，可能是在做什么呢？表达了什么样的美好愿望？（保护家庭平安）

教师 T：一起来听听门神是怎么说的吧。

教师 T：门神是守卫家门的神仙，人们把门神年画贴在门上，希望门神能够赶走妖魔鬼怪，保护家人健康平安。

（5）出示组图“年画的寓意：其他”。

教师 T：年画还有很多不同的图案，代表不同的祝福。人们在新年时贴上年画，表达对美好生活的向往，希望新年平安幸福。

4. 结尾环节：用“美丽的年画”引导幼儿感知年画鲜明的色彩风格，发放纸面教具《年画》，鼓励幼儿用鲜艳的色彩为年画上色，表现出年画的喜庆。

教师 T：看了这么多漂亮的年画，你们有没有发现年画上都用了哪些颜色呢？

教师 T：哪些颜色用得最多？（蓝色、黄 / 金色、红色、橙色）

教师T：这些颜色给你一种什么样的感觉？（喜庆、开心、热闹）

教师：年画上常常使用红色、金色、蓝色等鲜艳明亮的颜色，给人一种喜庆、热闹的感觉。

教师T：新年就要到了，我们也来用这些鲜艳明亮的颜色画一幅漂亮的年画吧。

教师T：注意涂色的时候要小心、慢慢地涂，尽量不要涂出轮廓。涂完颜色后，可以把年画剪下来，贴在彩色卡纸上，让年画变得更漂亮！

（1）幼儿涂色，教师巡回指导

教师提醒幼儿涂色时要小心、仔细，慢慢地涂，尽量不要涂出轮廓；提醒幼儿使用剪刀时要注意安全。

（2）幼儿分享、交流

教师T：你用了哪些颜色？

教师T：你的年画表达了什么美好的祝福？

延伸环节：在美术区，投放纸面教具《年画》及绘画材料，鼓励幼儿继续用鲜艳的色彩涂色，创作属于自己的年画。

（北京市通州区教工幼儿园　王晶）

区域活动：

美工区：漂亮的小布袋

目标：能够根据已有的经验染出不同图案的袋子。

材料：白色布袋、彩色染料、橡皮筋、水盆。

指导：

1. 给幼儿创设采光好、靠近水源、安静的空间。

2. 给幼儿提供刻好的型弧染模具。

图书区：《那些年的样子》

目标：让幼儿了解图书中那些年服饰的特点。

指导：教师在一旁帮助幼儿总结服饰特点并记录。

（北京市通州区教工幼儿园　王晶）

宣传周：

宣传方案：

（一）活动主旨

为了更好地落实《指南》精神，建构幼儿园园本课程理念，同时结合本月小镇畅游日活动主题，开展“开业季”的活动，让幼儿在招聘、参与、宣传等活动中充分感受活动内容。

（二）活动目标

1. 愿意参与小镇畅游日活动，能感受到微社会实践活动的乐趣。

2. 在活动中了解照相馆的特点，能够按照角色与顾客互动。

3. 能够利用多种途径了解照相馆工作的内容，并按照要求上岗。

（三）活动时间、地点

1. 时间：2021 年 9 月上午 9∶00—11∶00

2. 地点：幼儿园和美小镇

（四）活动安排

阶段	内容	负责人
成立宣传组	1. 成立宣传组 2. 制作宣传海报 3. 思考宣传方式	李明明
宣传	利用多种方式进行宣传 （海报、视频、优惠券、减免券）	王佳鑫、王晶

（北京市通州区教工幼儿园　李明明）

畅游日：

案例一：

祺祺今天在和美照相馆当摄影师，最开始我们没有什么顾客，祺祺等三位工作人员就开始想办法去招揽客人。浩铭说：“我们可以去门口吆喝，让小朋友都听见。”祺祺说：“那我们怎么吆喝呢？”婉宸说：“就站在门口大声喊我们是干什么的就行了呗。”三个小朋友暂时达成了一致，都来到了和美小镇进行吆喝，但是经过一段时间，效果并不显著，客人还是很少。三个人又回到了照相馆。祺祺问：“我们的客人还是很少，怎么办呢？”三个小朋友还没商量完就来了一个顾客，正是我们班的史语辰小朋友。史语辰走到门口问照相馆的工作人员：“拍一次照片几块钱啊？”浩铭小朋友回答道：“两块钱一次。”史语辰翻了翻自己的小包，只找到了一块钱。她拿着一块钱问浩铭：“我只有一块钱可以拍一次吗？”浩铭说：“我们是两块钱拍一次。”史语辰又问道：“你们可以便宜一点吗？”

浩铭回答道："你等一等，我们商量一下。"然后浩铭和祺祺、婉宸一起商量了一下。决定更改拍摄价格吸引更多的顾客。经过更改价格，我们照相馆的生意果然变好了。

分析：

祺祺对于设备的操作能力比较强；在遇到问题时，三个人商讨时她能做好中间协调的角色；能够综合许浩铭和王婉宸提出的建议，然后找到一个合适的方法执行。

措施：

遇到问题孩子们能自发思考，寻找解决办法，面对挫折不放弃。教师在活动中可以给予适当的干预，但一定要适时适当，不要过度。

（北京市通州区教工幼儿园　王佳鑫）

案例二：

婉宸第一次担任照相馆造型师的工作，当客人来时，她主动询问："你想选择哪款衣服拍照？"客人摆弄着衣架上的衣服进行挑选，婉宸在一旁安静地等待，当看着客人来回挑选时她主动上前说："拍一套这个吧，好多客人都选这个恐龙造型的衣服，拍出来特别好玩。"客人拿着恐龙衣服仔细看起来，然后说："那就这个吧。"婉宸开始帮助客人穿衣服，并耐心调整，直到把客人送到拍照区。旁边还有试衣服的小客人，嘴里嘟哝着："这个怎么穿啊？"婉宸听到了赶紧走过去帮忙："这个是前面，从这儿先把腿伸进去。"她边说着边帮客人调整……

分析：

婉宸初次尝试造型师的工作，能够认真履行自己的职责，并能观察识别到客人的需求，及时通过语言、动作帮助客人解决问题，比较灵活。

措施：

引导婉宸在沟通和服务上进一步提升表达能力，例如，您的身高、气质更适合这款服饰；现在比较热选的是这一款；推荐主打款；定制服务等。能够洞察客人的需要，进行有效的沟通。

（北京市通州区教工幼儿园　王佳鑫）

案例三：

许浩铭小朋友在和美小镇照相馆做收银员，一开始，他不能非常好地融入这个角色，有些害羞，放不开，不敢和小朋友沟通，因为这个问题我们流失了很多顾客。但是后来他慢慢熟悉了收银员的责任，也能够胜任这个角色了。但是新的问题出现了。和照相馆相比，水吧和超市的顾客真的是太多了。孩子们看到这个现象以后，思考解决办法就是去吆喝，三个工作人员经过商量以后决定吆喝我们的和美照相馆的拍照价格和拍摄内容，但是不能都出去吆喝。他们决定两个人出去，一个人留在这里等待顾客。经过他们的吆喝，还真的有小朋友来照相馆消费了。

后来我们班的史语辰小朋友来到了和美照相馆，看到其他小朋友穿着漂亮衣服拍美丽的照片，她也想来拍照。史语辰和许浩铭沟通说："哎呀，我只有一块钱了，但是我还想拍照，你能不能便宜一点啊？"三位工作人员商量以后觉得我们定价太高了，所以顾客不太愿意来拍照，可以把定价稍微调低一点，然后让小朋友们都能来拍美丽的照片。最后孩子们决定由两块钱一位变成一块钱一位。

更改价格之后，照相馆的生意明显火爆了很多，孩子们忙得团团转。一大波顾客离开以后，孩子们又针对刚才人多忙不过来的问题开始商量对策。浩铭："我们可以在下一次开和美小镇的时候多找几名工作人员来帮忙。"

分析：

在遇到问题时孩子们能够主动思考，共同商讨解决策略，并能够听从合理的指挥与安排。

措施：

教师应尽量减少对幼儿社会活动的干涉，让幼儿自己主动尝试解决问题，培养幼儿人际交往能力与自我解决问题的能力。

（北京市通州区教工幼儿园　王晶）

案例四：

小镇快乐畅游，依好和好朋友柯元结伴逛小镇，他们先拿图书兑换券来到了小环岛进行图书兑换。兑换很顺利，因为前期在活动宣传中，他们已经知道了兑换券的使用方法和规则。然后拿出计划看一看，他们下一站准备去蚂蚁王国，途经水吧时，依好提出想进去喝一杯，柯元说："可是我们的计划上没有这一项呀！"依好说："那你不想去喝一杯吗？"柯元望向水吧，似乎也很心动。依好紧接着说："咱们看看有没有钱，如果钱够的话，咱们就可以去水吧。"说着把自己的钱从小包里拿出来，数了数，高兴地说："我可以，我还有钱，你有吗？"柯元点点头，她们高兴地朝水吧走去了。

分析：她们因为想结伴同行所以计划是相同的，并知道要按照计划活动，但当出现新事物想要改变计划的时候，依好能主动并积极地进行调节，她清楚地知道只要自己符合条件（有钱）就可以适当地根据自己的意愿调整计划。

措施：不强调要严格按照计划活动，限制孩子的突发想法，支持幼儿在理由充足、大体不变的情况下，根据自己的意愿和实际情况适当灵活调整计划。

（北京市通州区教工幼儿园　王晶）

和美小镇快乐驿站实践案例

一、小镇商铺架构

（一）商铺名称

快乐驿站

（二）经营内容

休闲、休憩、阅读

（三）目标

1. 愿意参与小镇畅游日活动，能感受到微社会实践活动的乐趣。

2. 了解快乐驿站的工作内容，并按照要求上岗。

（四）材料准备

1. 场地要求：场地图片

2. 所需材料

角色材料	经理	工作服
	收银员	工作服、钱币、收银台
	服务员	工作服、清洁毛巾
	安全员	工作服、话筒
操作材料	快乐驿站上层	顾客自己选择游戏区域
		顾客自己进行游艺、休息
		软沙发、帐篷、小椅子、小桌子、手头玩具、靠垫、图书、小音箱
	快乐驿站下层	顾客可以结伴进行游戏创作

（五）商铺职位（基础配置）

岗位	人数	适合年龄	工作内容	和美币
经理	1 名	大班	负责协调整个快乐驿站的运行	3
收银员	1 名	大班	收钱、找零	2
服务员	2 名	中班、大班	接待顾客，了解顾客的需求	2
安全员	2 名	中班、大班	1. 检查快乐驿站游戏区顾客的安全 2. 检查快乐驿站游戏区各项材料的安全性	2
跑腿员	2 名	中班、大班	1. 熟悉小镇畅游各商铺路线 2. 熟悉快乐驿站的各项活动内容	2

（北京市通州区教工幼儿园　何紫丹）

二、小镇活动组织

招聘周：

招聘方案：

活动时间：2019 年 9 月 13 日—9 月 17 日

活动地点：幼儿园多功能厅

参加人员：中班、大班部分幼儿

岗位	人数	适合年龄	工作内容	和美币
服务员	2	中班、大班	1. 有礼貌，有良好的沟通能力 2. 有一定的外出经历，有丰富的社交能力 3. 能微笑服务顾客	2
安全员	2	中班、大班	1. 规则意识强 2. 能大胆表达，明辨是非 3. 有一定的安全常识	2
跑腿员	2	大班	1. 平衡能力强 2. 能有规则意识 3. 能微笑服务顾客	2
收银员	1	大班	责任心强、能够大胆与人沟通	2
经理	1	大班	负责协调整个快乐驿站的运行	3

招聘标准：

岗位	标准
经理	善于沟通，能够进行协调工作
收银员	认识 1¯10 元的钱币；会 10 以内的加减法
服务员	礼貌接待；能够收拾整理游戏区内的物品
安全员	能够维持秩序；对于危险的游戏会与小朋友沟通
跑腿员	熟悉小镇畅游各商铺路线

招聘方法：

岗位	方法	备注
收银员	1. 微笑服务	
	2. 认识钱币：1 元、5 元、10 元	
	3. 掌握 10 以内的加减法	
服务员	1. 能够用语言沟通小朋友出现的问题	
	2. 能够引导游客到游戏区域内进行游戏	
	3. 能够大胆向游客介绍区域内的游戏玩法	

续表

岗位	方法	备注
安全员	1. 微笑服务	
	2. 能够随时发现安全问题，给予顾客一定的提示	
	3. 能够坚持游戏区内摆件物品的安全性	
经理	1. 口齿清晰，能够清楚表达想法	
	2. 通过观察能够发现问题并积极解决	

活动流程：

阶段	活动内容	活动时间	物质准备	负责人	备注
前期准备	针对快乐驿站商铺情况，讨论商铺工作人员安排，确定招聘人员的职位、人数、工资及应聘标准	9.16—9.18	1. 招聘考核表 2. 聘书 8 张 3. 工作证 8 个 4. 招聘海报	各班教师及大班幼儿	
活动开展当天	1. 上午 8∶30 布置各商铺招聘会场 2. 上午 8∶45 招聘工作人员到岗 3. 上午 9∶00 大班幼儿到备课室参加招聘会 4. 活动结束后，各班收整物品 5. 下午 3∶50 颁发上岗聘书，合影留念	9.23	1. 各岗位的面试材料 2. 面试人员的胸牌（即时贴） 3. 正式上岗人员的聘书	各班教师及大班幼儿	1. 为大班幼儿准备面试工资：2 元 / 人 2. 教师协助大班孩子书写聘书

（北京市通州区教工幼儿园　何紫丹）

招聘案例一：

招聘会开始了，一个小男孩拿着自己的简历走了过来。

彭楚恩：“你好，我要应聘经理。”

面试官说：“给我看下你的简历”

只见面试官说在认真查看、了解彭楚恩的简历。

面试官说："你来介绍一下你自己吧！"

彭楚恩："我叫彭楚恩，我喜欢交朋友，我在班里是一名优秀的值日生。"

面试官说："那我现在考考你，你觉得经理可以管理什么？"

彭楚恩："经理是这个商铺最大的官，负责整个商铺的，我妈妈说经理要照顾大家，什么都要想着大家，我以前在很多商铺工作过。"

面试官说："对，你说得没错，我们会好好考虑你的，回去等通知吧。如果收到我们的聘书，就证明你可以来快乐驿站当经理啦！"

彭楚恩能够积极表达自己的意愿和想法，但是并不太清楚经理职位的工作内容。

支持策略：

1. 给彭楚恩讲解快乐驿站经理的各项工作要求。

2. 利用榜样的示范力量，带动彭楚恩进入游戏角色。

（北京市通州区教工幼儿园　马晓庆）

招聘案例二：

招聘活动开始了，本次我们的活动主题是春天，在活动中面试官员会根据春天向应聘者进行提问。

面试官：你好，请出示一下你的简历。

吴雨桐：你好，我叫吴雨桐，我想应聘这里的服务员。

面试官：你觉得服务员应该做些什么工作呢？

吴雨桐：照顾顾客，向顾客介绍活动，打扫卫生。

面试官：那你说一说，介绍活动应该怎么介绍呢？

吴雨桐：拿着我们的宣传海报，在门口进行介绍。

面试官：你能现场演示一下吗？

只见她利用现场的海报进行简单的介绍。

面试官：你刚才的表现很好，很大胆，如果这样还没有人来参加游戏怎么办？

吴雨桐：我可以拿着好看的作品，在门口向大家介绍，招揽客人。

只见吴雨桐拿着春天的花朵，在那里招呼："快来看呀，春天的花朵，真美丽呀！快来呀，只要一个游戏币就能得到这样美丽的花朵。"

面试官：你很勇敢、热情，很符合我们的招聘要求，恭喜你被录取了。

分析：

吴雨桐能够根据情况进行展示，有胆量，会思考问题。面试官提问的方式过于单一，可以多设计一些问题让服务员思考。

措施：

在培训中多设计一些环节，让服务员动脑思考，多进行实地演练，大胆展示。

（北京市通州区教工幼儿园　何紫丹）

培训周：

培训方案：

培训时间：2021 年 9 月 23 日上午 9∶00

培训地点：快乐驿站

培训指导师：赵萌

参加培训人员：

岗位	人数	姓名
服务员	2	田竹漪、赵明欣
安全员	2	王知宜、董若琳
跑腿员	2	芦怀宇、贾禹辰
收银员	1	王宇含
经理	1	彭楚恩

培训内容：

服务员、收银员：

1. 内容

（1）流程：宣传—接待—为客人推荐游戏

（2）示范接待礼仪

（3）流程：按游客需求收钱—记录—将钱存入银行—统计收入

（4）讲解计算器的正确使用方法

（5）讲解收钱步骤

2. 材料：海报

安全员：

1. 内容

（1）游戏流程：巡视—提醒

（2）检查游戏区及游客的游戏情况

2. 材料：小喇叭

（北京市通州区教工幼儿园　何紫丹）

培训案例一：

经理：今天我们培训的是服务员，核对一下本月的服务员名单。

服务员：我叫张美琳。

服务员：我叫曹美欣。

经理：今天我们要针对本月最美北京活动进行培训，我们本月的活动主题内容在这里，大家先看看，你们需要服务什么？

张美琳：我们要告诉顾客都有什么游戏项目，我看有一个制作书签的。

经理：那你们应该做什么？

张美琳：告诉他怎么制作。

经理：就是制作流程。

张美琳：对，还可以带顾客去二层平台欣赏美丽的通州风景。

经理：除了这些还可以干什么呢？这次请曹美欣说一说。

曹美欣：……（默默低头思考）

经理：顾客需要的就是要热情，曹美欣需要多主动和大家沟通呀。

曹美欣：（点点头）好的。

分析：

两位服务员都能认真参加培训，但在培训过程中发现张美琳善于沟通表达，曹美欣不爱表达。两个人对服务员的理解只是浅显的，没有针对活动内容深入思考。

措施：

带领服务员根据活动细化可以服务的项目，完善服务员的工作手册。

（北京市通州区教工幼儿园　张晓晶）

培训案例二：

经理：大家好，我是今天的培训师，今天我们重点培训的是服务员，现在确认核对一下服务员的名单。你叫什么？

服务员：我叫赵明欣。

经理：好的，欢迎你们加入我们的团队！你们知道服务员的工作是什么吗？

赵明欣：就是顾客来了，微笑接待顾客，然后问顾客想玩什么。

经理说：顾客不知道有什么，我们该么办？

赵明欣：可以向顾客一一介绍。

经理：如果人多的话，介绍不过来，该怎么办？

赵明欣：……（沉默思考）

经理：我们是不是可以提前制作海报，把游戏的项目画在上面？

赵明欣：对，这样可以。

经理：那服务员还可以干什么？

赵明欣：……（思考中）

经理：比如游客在场内游戏，有问题了怎么办？

赵明欣：我们要赶紧过去提供帮助。

经理：对，我们要时刻关注游客的动态，及时做好服务保障。

经理：培训到此结束，我觉得你可以担任本次的服务员工作。

分析：

1. 赵明欣知道要热情接待顾客，并且要介绍快乐驿站的游戏内容。

2. 赵明欣能听从经理的建议，积极主动关注顾客的需求。

措施：

1. 丰富快乐驿站的宣传手册，使工作人员能够清楚地出示给顾客。

2. 一起讨论并丰富培训的方式。

（北京市通州区教工幼儿园　张晓晶）

快乐驿站培训说明

培训内容	形式	实现目标定位	资源利用	备注
服务员礼貌招呼客人	现场培训	能够礼貌热情地接待客人 介绍适合顾客的游戏内容	工作手册	
安全员随机应变能力	现场培训	能够整体观察操作材料的安全性	教师	
收银员	现场培训	熟练练习游戏币换取的内容	家长资源	
经理协调能力	实地参观	能够协调各工作人员	活动视频	

（北京市通州区教工幼儿园　马晓庆）

宣传周：

宣传方案：

一、宣传目标：让小镇居民了解当月快乐驿站的精彩活动

二、宣传时间：2021 年 9 月 27 日

三、宣传地点：各班级

四、宣传形式：现场、视频

为了更好地落实《指南》精神，构建园本课程，本次畅游日活动将结合 9 月的快乐开学季和小镇开业季的园本主题活动开展，我们将把快乐驿站上面的娱乐平台打造成一个温馨的风车场景，让幼儿在轻松美好的环境中感受快乐的幼儿园生活，在小镇活动中能有一个安逸休息的驿站。具体活动安排如下：

一、活动目标

1. 能够对幼儿园的小镇生活有畅想，激发幼儿的想象力。

2. 在活动中，根据自己长大的经历大胆交流自己的变化。

3. 愿意参与畅游日活动，并能感受到微社会实践活动的快乐。

二、活动时间、地点

1. 时间：2021 年 9 月 30 日

2. 地点：快乐驿站

三、活动具体安排

阶段	活动（内容）	材料准备	负责人	体验金
交接阶段	核对商铺的物资、了解商铺的情况	物资核对单	班级幼儿	
人员确定	结合商铺情况和幼儿商讨需要工作人员的数量	笔、纸	班级幼儿、班级教师	
前期准备	招聘准备	个人简历、幼儿进行招聘活动	班级幼儿、应聘人员、教师	
	卫生整理	抹布、扫把、墩布	工作人员	
	招募海报	幼儿绘画作品、彩纸等	教师、班级幼儿	
	环境装饰	绳子、小夹子、风车、帐篷、地毯、毛绒玩具、桌布、小星星、苹果、大鼓、有美好寓意的图片、彩色拉环	工作人员	
活动开业	开业剪彩、优惠大酬宾	红色彩条、优惠券	工作人员	
	驿站	前期环境准备、帐篷	工作人员	1
	我的畅想	蓝色大滑梯	工作人员	1

（北京市通州区教工幼儿园　何紫丹）

宣传周案例：

尹佳彤和王芃欣担任本月的服务员，两位服务员在宣传前进行了海报制作。在制作中，尹佳彤提出：“我们能不能用不一样的方式来吸引更多的顾客？”

教师：你为什么想用不一样的方式？

尹佳彤：我觉得是不是里面的活动内容不够吸引顾客呢？

王芃欣：我们要不要把内容再丰富一下呢？

教师：怎么丰富？可以举个例子吗？

王芃欣：我们这次的活动是春天，能不能不光是用彩笔画，可不可以多一些游戏呢？

教师：怎么多？在哪儿多？

尹佳彤：老师，我看好几次大家都喜欢去二层元，能不能在二层多一点游戏呢？

教师：你们的提议很不错，那马上我们就要去宣传了，你们有什么好的宣传方式吗？

王芃欣：我有一个不知道行不行，可以让感兴趣的小朋友提前体验一下。

教师：怎么体验？

王芃欣：就是我们宣传时带着游戏道具，吸引他们呗。

教师：这个主意不错，很新颖，你们可以大胆尝试一下。

分析：

幼儿能够根据问题及现状进行大胆思考，并给出解决办法。

措施：

活动梳理：回到班级后教师和全体幼儿共同分享了这件事情，并给孩子们观看了这个视频，引导孩子们共同思考，发现问题。

（北京市通州区教工幼儿园　张晓晶）

畅游日：

案例一：

和美驿站这次要招聘一名总经理、一名收银员、一名服务员、一名跑腿员，然后总经理进行了园内服务员和跑腿员的面试。

在活动当天，店铺总经理发现跑腿员不明原因没有来上班，这时候总经理就负责了跑腿任务。

总经理在商铺的时候处理了商铺工作人员和顾客之间的小摩擦；还在顾客有了饮食需求时，主动承担了跑腿任务；每次顾客有了新的需求，总经理都能认真记录好顾客需要的吃食，然后跑到水吧购买，并第一时间送回驿站，让顾客享受到非常好的服务；而且总经理在来来回回的取餐、送餐的过程中，没有表现出一点不情愿或者不愿意的样子。而且每次去水吧买吃食的时候都不会因为顾客着急就不排队。来回运送吃食，要保证饮料不倒在地上，还要保证自己的安全，所以这次活动总经理全程都很忙碌，而且很认真地完成了工作。

可见总经理非常了解自己的职责。总经理的角色意识很强，遇到问题能第一时间想到解决的方法，而不是放弃不管。幼儿规则意识很强，就算做事很着急也不会插队。

支持策略：下次小镇活动，可以请这次的总经理给工作人员做培训。

（北京市通州区教工幼儿园　何紫丹）

案例二：

收银员田楚航拿着快乐驿站的海报到各个班级宣传，重点是介绍每项游戏所需的游戏币。

田楚航：大家好，我是快乐驿站的收银员，我来向大家介绍我们的游戏内容。

田楚航在认真介绍每项游戏的玩法及游戏币金额。

田楚航：大家有什么问题吗？

小朋友 1：我要都想玩的话需要几个游戏币？

田楚航：我们只设计了单项游戏，没有全都玩的呀。

小朋友 1：那我要是都想玩怎么办？

小朋友 2：那你就每个都交游戏币呗。

小朋友 1：那不行，我没有那么多游戏币。

这时只见两个小朋友在那里提问题，田楚航在前面皱着眉头，没有想到合适的办法。当时我也没有介入到活动中，想给孩子一个机会，让他们学会自己解决问题。后来田楚航突然说："这个问题，我回去和我们的经理说一声，看看怎么解决，到时候再告诉大家。"

于是田楚航转身看了看我，我对他表示了肯定。

分析：

1. 幼儿在准备阶段只是从自身角度进行了宣传，没有涉及顾客的想法。

2. 幼儿在突发问题时不知道如何解决，但也没有放弃，能主动积极想办法。

措施：

1. 在培训时可以邀请几名顾客，针对活动进行提问，锻炼工作人员解决问题的能力。

2. 积极鼓励工作人员大胆工作。

（北京市通州区教工幼儿园　何紫丹）

和美小镇小舞台实践案例

一、商铺架构

（一）商铺名称

和美小舞台

（二）经营内容

为幼儿提供展示自己的平台（舞台表演）

（三）目标

1. 培养幼儿对参与表演活动的兴趣，愿意参与集体活动，初步培养参与活动的等待、轮流和分享的意识。

2. 能随音乐进行表演，能大胆地进行自我表现，提升幼儿的自信心。

3. 初步掌握表演道具的使用技巧，并尝试发挥想象力进行创新。

4. 培养幼儿的责任感，能认真负责地完成自己的任务。

5. 学会尊重他人的表演和表达方式，体验与他人沟通、交往的快乐。

（四）材料准备

表演服装、各种乐器、背景布、音响、话筒（图片）

1. 场地要求：场地图片（一张空镜、一张活动照片）

2. 所需材料

角色材料	经理	衣服、对讲机、经理胸牌
	收银员	衣服、收音机、收银员胸牌
	摄影师	衣服、iPad、摄影师胸牌
	检票员	衣服、检票员胸牌

（五）商铺职位（基础配置）

岗位	人数	适合年龄	工作内容	和美币
收银员	1	4～6岁	收银、售票	2
摄影师	1	5～6岁	摄影	2
检票员	1	4～6岁	检票、引导顾客入座	2
主持人	1	4～6岁	主持、催场	2

商铺人员关系图：

商铺人员关系图：

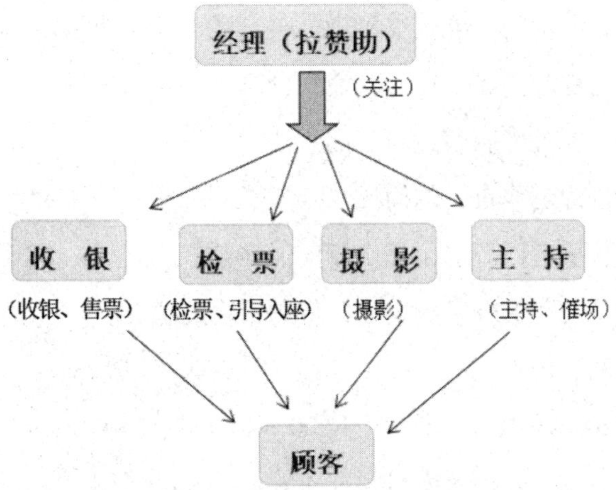

顾客体验流程图：

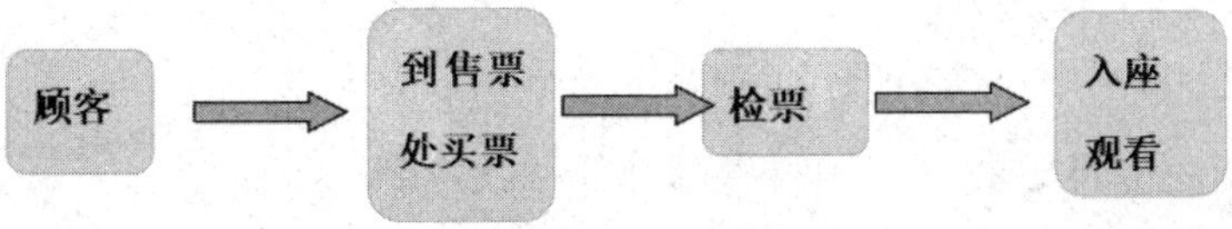

（北京市通州区教工幼儿园　刘莹）

二、小镇活动组织

招聘周：

岗位	人数	适合年龄	工作内容	和美币
收银员	1	4～6岁	收银、售票	2
检票员	1	4～6岁	检票、引导顾客入座	2
摄影师	1	5～6岁	摄影	2
主持人	2	4～6岁	主持、催场	2

和美小舞台招聘工作活动方案

为了更好地落实《指南》精神，结合幼儿园和美小镇主题活动，和美小舞台现启动招聘大会，此活动面向全体有意向应聘的幼儿，招聘舞台服务人员。通过此活动感受微社会实践活动的快乐，打造公平公正的态度，应聘所需的岗位，同时通过招聘活动，提高幼儿与同伴合作、交流、分享的能力。具体活动安排如下：

一、活动目标

1. 愿意参与招聘活动，能感受到微社会实践活动的快乐。

2. 在活动中能够与同伴合作、交流、分享。

3. 在活动中，能够大胆表达自己的想法。

4. 能够有计划地制作自己的简历。

5. 经理能够按照自己的岗位提出相应的问题。

6. 活动后，幼儿能够分享和美小镇应聘活动的感受。

二、活动时间、地点

1. 时间：2020 年 9 月 23 日下午 3 : 00—4 : 00

2. 经理 2 : 20—2 : 50 将所需材料准备好，3 : 00 准时上岗。

3. 地点：幼儿园操场

温馨提示：

1. 应聘者 3 : 00 带着小简历进行面试。

2. 没有简历的小朋友 3 : 30 可以下楼参加下一次招聘。

三、参加人员：全体幼儿、大班教师

四、活动安排

阶段	重点工作	负责人	日期
准备阶段	1. 做出商铺的海报 2. 服务人员工作服 3. 工作牌 4. 聘书 5. 应聘人员登记表 6. 桌椅摆放 7. 标志牌	鲁老师和班级幼儿	9月23日之前
正式招聘会	按计划进行招聘	刘老师和班级幼儿	9月25日
总结阶段	1. 梳理本次活动内容（应聘者和经理对此活动的感受） 2. 发放聘书，投放到邮局（联系中一班） 3. 发放班级的奖励资金，奖励幼儿	顾老师和班级幼儿	9月25日
下一步计划	1. 对应聘成功的幼儿进行岗前培训 2. 没有应聘的小朋友准备参加下一次的招聘活动	大班幼儿和教师	

提示：

1. 按时上岗，上岗前做好准备工作。

2. 活动结束后与幼儿进行活动梳理和小结。

3. 注意安全，遵守应聘规则。

4. 讲清洁，保持活动场地卫生，爱护公共设施，做文明人。

5. 工作人员结束后将物品收拾整理好。

（北京市通州区教工幼儿园　刘莹）

招聘案例一：

招聘这天，小宇拿着简历到小舞台面试。佳佳（上届主持人）说：“你是来面试什么职位的？”小宇说：“我是来面试主持人的。”“你知道主持人都需要干什么吗？”小宇说：“就是主持节目。”佳佳说：“我们除了主持节目，还要提醒下面表演节目的演员做好准备，你行吗？”小宇说：“可以。”佳佳说：“你都会什么才艺啊？”小宇说：“我会唱歌。”说着小宇就开始唱了起来。唱到第三首的时候，小宇说：“哎呀，我好累啊！”

在应聘过程中虽然没有观众，小宇还是很称职地演唱了歌曲，并且在唱歌时手舞足蹈，相当投入，可以看出他是一个很大胆喜欢参加歌曲表演活动的男孩子，也能看出他是一个知道接受任务一定要完成的责任意识较强的男孩子。

支持策略：

1. 丰富面试官的问题

2. 可以制作评分表，为幼儿全方位打分。

（北京市通州区教工幼儿园　鲁倩）

招聘案例二：

招聘活动开始了，两个好伙伴航航和瑞庭来面试，在经理的招待下两人坐在了应聘者的位置上。经理问："你们想应聘什么职位呢？"两人异口同声地说摄影师。"那你们知道摄影师在小舞台都需要干什么吗？"航航说："给他们照相。""是的，但是我们就一个名额，你们两个都想干，该怎么办呢？"经理问。这时两个人为了一个名额争吵了起来。"录取我！""录取我！""我会用手机。""我也会用，每次我和妈妈出去的时候我都会照相！""我也会！"这时经理看着他俩半天说不出话。这时老师对经理说："那你想一个办法让他俩不这么吵。"又想了一会儿经理说："那你们都拿 iPad 找一个幼儿园里你觉得最美的风景拍下来。谁拍得好，我就可以选择出录取谁了！"这时两个人同时拿起 iPad 走了。

分析：

1. 经理对商铺每个工作的岗位内容及职责非常了解。

2. 不能及时在应聘者争吵中想出应对策略。

措施：

1. 在招聘会前请经理预设几个在应聘过程中可能会出现的问题及应对策略。

2. 可以向前任经理寻求经验。

（北京市通州区教工幼儿园　刘莹）

培训周：

和美小舞台培训说明

培训内容	形式	实现目标定位	资源利用	备注
摄影师	视频、现场观看操作手册、	会使用 iPad，会照相	家园共育	

续表

培训内容	形式	实现目标定位	资源利用	备注
收银员	实际情境、观看操作手册	1. 认识钱币 2. 能够对顾客给的和美币进行清点、找零、登记		
检票员	视频培训、现场培训	1. 知道位置的顺序 2. 会检票		
主持人	现场培训	1. 有自信，能勇于展示自己 2. 吐字清楚 3. 主持时要有表情		

培训方案：

（一）活动主旨

为了构建幼儿园园本课程，结合幼儿园和美小镇的活动开展小舞台培训活动，培训活动不仅能促进幼儿沟通能力的发展、提升幼儿的自信心，还可以提升幼儿解决问题的能力。

（二）活动目标

1. 乐意参与小镇畅游日活动，能在小镇实践中感受活动的快乐。

2. 通过多种方式了解小舞台的服务内容，能够按照角色进行服务。

3. 积极参与小舞台畅游活动，并能按照服务要求上岗。

4. 鼓励幼儿大胆在集体面前展现自己，提高表现力。

（三）时间：2020 年 9 月上午 9∶00—11∶00

（四）地点：幼儿园和美小镇

（五）活动安排

阶段	内容	负责人
成立培训组	1. 成立培训组 2. 商讨服务人员培训方案	刘莹、大班幼儿
培训	1. 根据服务岗位进行岗前培训 2. 实地演习	鲁老师
发放培训资格认证书	1. 培训考核 2. 发放培训资格认证证书	顾千萌

（北京市通州区教工幼儿园　鲁倩）

培训中生成的集体教学活动：
领域：综合
活动名称：制作海报
目标：
1. 对制作海报感兴趣，愿意参与制作海报活动。
2. 能与幼儿一起商讨海报的内容。
活动准备：剪刀、彩笔、彩纸、胶棒、瓦楞纸等。
活动重点：商讨海报的内容。
活动难点：小组合作按照商讨的内容制作海报。
活动过程：
导入环节：谈话导入
师：你们知道海报是什么吗？你们见过海报吗？
基本环节：商讨海报的内容
师：海报上面有什么呢？你们有什么不同想法吗？
重点环节：
1. 教师与幼儿一起梳理海报的内容。
2. 幼儿共同制作海报。
结尾环节：幼儿一起宣讲

（北京市通州区教工幼儿园　刘莹）

区域活动：
活动名称：制作道具
目标：
1. 能用多种方法制作道具。
2. 在制作道具的过程中能够合作协商解决遇到的问题。
指导建议：鼓励幼儿遇到问题时积极想办法，能与同伴之间进行沟通交流。
家长资源：
家园共育：家长与教师一起协作，鼓励幼儿大胆与同伴沟通交流。

（北京市通州区教工幼儿园　顾千萌）

培训案例一：

今天培训开始了，马上要到我们收银员的培训时间了。天天作为新上任的收银员有点不知所措，月月弯下腰对天天说：“你认识钱吗？会找钱吗？不会我来帮你吧！”接着便指导天天收银员的工作内容。培训结束后，月月给天天出了一个找钱的题，天天完成之后月月说：“你学得真快，给你一个大大的赞！”

在培训过程中，幼儿学会了沟通，学会了鼓励同伴。月月这个小老师很负责，当她讲完内容时没有去做别的事情，而是细心指导天天完成出的题，还及时地给予鼓励和指导。培训师是孩子们都非常喜欢的工作，在今后的活动中，我们要学会放手，让更多孩子参与到培训中来，锻炼他们的胆量，给他们提供沟通的机会。

（北京市通州区教工幼儿园　刘莹）

培训案例二：

和美小镇开业季正在紧锣密鼓筹备中，我们小舞台的工作人员也迎来了开业前的岗前培训活动。我们的培训采取的是实际情境，让其他幼儿扮演小镇顾客，模拟真实的小镇活动情境，让服务人员进行接待。

萱萱是小舞台的接待人员。有一名小顾客在舞台旁张望，这时萱萱走了过来，询问：“请问你需要帮助吗？”小顾客点了点头：“今天有什么表演呀？”萱萱向小顾客介绍了节目。

小游客：“哦，那我想看一看！”“行，请来这里买票！”

分析：

萱萱作为接待人员，能够在顾客遇到问题时为顾客提供力所能及的帮助，这是值得肯定与鼓励的，而且萱萱对接待人员的工作内容很熟悉，能够为顾客进行介绍。

措施：

以萱萱的事例作为榜样，在活动结束后的分享环节，鼓励其他服务人员向萱萱学习，并且与幼儿讨论如果顾客提出问题我们应该如何解答。

（北京市通州区教工幼儿园　马晓庆）

宣传周：

开业方案：

历经暑假，幼儿最喜欢的小镇活动开业在即。为了更好地落实《指南》精神，构建幼儿园园本课程，和美小舞台会在疫情防控背景下拓展游戏内容。为了吸引新老游客来店消费，店铺特推出开业优惠、礼品赠送等活动，以此保证本店铺为打开和美小镇区域市场做前期铺垫。同时我们还征集了不同年龄班幼儿的不同种类节目，以此激发各年龄班幼儿对活动的兴趣，发展不同年龄班幼儿的表现力。

活动目标：

1. 营造开业的喜庆氛围，提高开业人气，扩大小镇区域影响力。

2. 鼓励幼儿大胆在集体面前展现自己，提高表现力。

3. 在活动中能够遵守小舞台的公共规则（检票进场、文明观看等）。

4. 愿意参与畅游日活动，并能感受到微社会实践活动的快乐。

活动安排：

1. 前期准备

（1）宣传：录制宣传视频、张贴宣传海报、派发传单（活动当天在入园时发放）。

（2）开业场地布置：商铺进口摆放花篮四个、礼品赠送的布置、自制屏风、道具、音响、服装的准备等。

2. 活动时间：2020 年 9 月 30 日上午 9∶00—11∶00

（1）介绍自己、介绍节目

用完整、流畅的语言介绍自己的特长和将要表演的节目。

（2）闪亮明星秀

幼儿依据自身特长选择唱歌、跳舞等各类形式的节目。

阶段	重点工作	负责人
准备阶段	1. 确定宣传组人员 2. 做出商铺的宣传海报 3. 进行商铺宣传语的创编 4. 进行商铺宣传视频录制 5. 确定宣传计划（宣传的班级顺序）	鲁老师和班级幼儿
宣传阶段	1. 按宣传班级顺序进行宣传 将商铺宣传视频上传微信群	刘老师和宣传组成员

续表

阶段	重点工作	负责人
总结阶段	1. 梳理本次活动内容（宣传组成员和经理对此次活动的感受） 2. 接收班级预订节目工作 3. 发放班级的奖励资金，奖励幼儿	刘老师和班级幼儿
下一步计划	1. 宣传组与表演组进行工作交接（预订场次） 2. 在畅游日当天进行随机宣传工作准备	宣传组成员

（北京市通州区教工幼儿园马晓庆）

畅游日：

案例一：

游客A手指游戏币问崔珈宁：“没有钱，没有这个也能看吗？”崔珈宁点头回答：“对！就是谁都能看。”崔珈宁说完后低头看了一眼票，停顿了一下说：“但是……但是你得买票。看看你坐在哪个座位上。”游客A眉头紧锁地问崔珈宁：“那得买一个钱是不是？”崔珈宁举起门票说：“不是，是买票，就这个。”游客A手指售票员说：“是不是在她那儿买？”崔珈宁边走边指着售票员：“对，在她这儿买票”。崔珈宁低头看着门票说：“上面会显示你在几排，你的座位……”游客A抬手拦住崔珈宁，大声地说：“就……就……就是这样的，上面写着本来是1–8啊、1–4啊，对不对……”崔珈宁先指门票再指椅子说：“就是找这上面跟它一样的就行。”这时，崔珈宁一转头看见了游客B，问道：“陈婉婷，你买票了吗？”陈婉婷笑了笑。崔珈宁说：“得买票，没钱也要买”这时游客A问道：“那我能就这样看吗？”崔珈宁摆摆手说：“你得买票才能看。”游客A说：“我就是说……”崔珈宁说：“可以！买票才能看！”游客A和游客B听完崔珈宁的话后，走出了小舞台。

分析：

1. 引导员

表达：只表达了规则。

理解：需要耐心听清顾客的需求。

2. 游客A、游客B

表达：没表达清自己想不花钱看演出的需求。

理解：不理解游戏规则。

措施：

1. 利用环境使顾客了解游戏流程和游戏规则。

2. 通过视频介绍、教师讲解、小结分享让小朋友了解游戏流程和游戏规则。

3. 加强培训：引导员的工作职责。

（北京市通州区教工幼儿园　刘莹）

案例二：

在本次最美中国年活动中，我们安排了几个小表演，但是在活动过程中，菲菲小朋友就表现得比较不愿意参与到大家的活动当中。老师给菲菲安排了一个角色，但是在排练时，菲菲表现得很怯场，不敢上台，轮到她的时候也说不出台词。急性子的萌萌责怪她：“哎呀，你又忘词了，老是这样。”听到这话之后，菲菲默默地远离了小朋友，坐到了角落里。大家一齐看向菲菲，平时和菲菲玩得好的琪琪走上前，安慰地摸了摸菲菲的肩膀，之后又走了回去。大家开始了表演，菲菲看着大家，有些难过地哭了出来。

分析：

菲菲不敢表达自己，遇到同伴责怪，更不知道该怎么办了。

措施：

1. 鼓励菲菲勇于在大家面前表现自己，给菲菲表现自己的机会。

2. 鼓励菲菲主动和其他小朋友交往。

（北京市通州区教工幼儿园　刘莹）

案例三：

马可一是小舞台的售票员。面对一个陌生的小朋友，马可一说：“你是想看表演吗？只要 1 元钱？”小朋友显得有些紧张无措：“可是我没有钱。”马可一有些不知所措地看向我，说：“老师，他说他没钱。”“那么你有什么好办法可以帮帮他呢？”马可一想了一会儿，小声告诉他：“可以去银行，那里有钱。”陌生的小朋友转身走了，过了一会儿，可一开心地和我分享："我赚到钱啦！刚刚那个小朋友拿着钱来看表演啦！""你真是太棒啦！不仅帮助了小朋友，还赚到了钱。"

分析：

幼儿面对问题时习惯性依赖成人解决，在面对问题时其实幼儿自己内心有想法但没有意识到要自己想方法，习惯性地向成人寻求帮助。当我把问题抛给幼儿时，他也能够把自己的想法表达出来，只是在面对问题时，缺乏解决的主动性。

措施：

1. 在岗前培训时丰富幼儿处理问题的处理经验，可采用情景模拟等方式为幼儿提供实践机会。

2. 建立开放式的师幼关系，在日常活动中及时鼓励幼儿，为幼儿建立解决问题的自信心，从而进一步培养幼儿解决问题的自主性和独立性。

3. 在日常的随机教育中，在幼儿遇到困难时，可采取提问、暗示等方式帮助幼儿获取一些解决问题的成功经验，使他们在今后遇到类似问题时能够及时想出解决办法并实施。

（北京市通州区教工幼儿　园鲁倩）

案例四：

在游戏刚开始，小舞台的生意并不是很好，好不容易来了一位小客人，但是两位服务人员都没有去接待，导致小客人直接离开了。两位服务人员因为这件事发生了小争吵，纷纷指责对方没有去接待。他们认为自己在看游戏道具，但是游戏道具在没有客人的时候是可以暂时不管的，现在没有客人才是最重要的。如何能够招揽到客人，谁去招揽客人，成为他们下一个讨论话题。在讨论过程中，他们一边分析，一边用眼睛观察潜在客户，迅速商量好进一步的分工，开始投入工作。

分析：

在活动开始前，两位服务人员并没有商量好自己的工作职责，并且在有客人的时候，两个人都想去招待，但是有些"担心"，导致顾客离开。但是第一次的失败并没有让两位服务人员灰心，老师仅仅提出了"为什么会离开"的问题，两个孩子就开始围绕这个问题进行快速、准确的小会议，发现了原因，但是又在互相指责。但当他们看到冒险岛有人排队的时候，就开始着急了，按照之前的活动经验开始进行分工。最后终于分清了工作职责，有条不紊地开始工作。

措施：

在活动后，和幼儿进行活动分享，大家一起讨论对这件事情的看法。

在应聘之前，与幼儿共同回忆生活中工作人员的行为。在之后和美小镇工作人员应聘与培训中，增加情景式考题以及情景式培训，积累幼儿的经验。

在活动中，鼓励幼儿自主解决问题，培养他们自主解决问题的能力。

（北京市通州区教工幼儿　园鲁倩）

和美小镇租车行实践案例

一、商铺架构

（一）商铺名称

和美租车行

（二）经营内容

租车、包车

（三）目标

1. 愿意参与小镇畅游日活动，能感受到微社会实践活动的乐趣。

2. 了解和美租车行的工作内容，并按照要求上岗。

（四）材料准备

1. 场地要求：场地图片

2. 所需材料

角色材料	接待员	工作服、钱币、租车卡
	司机	工作服
	调度员	工作服、话筒
	车辆收整员	工作服、清洁毛巾
	经理	工作服
操作材料（多指顾客操作）	豪华车	顾客自己驾驶汽车
	三轮车	顾客自己骑行
	黄包车	顾客选择司机进行游览
	拼车	顾客可以结伴坐车
	滑板车	顾客自由骑行

（五）商铺职位（基础配置）

岗位	人数	适合年龄	工作内容	和美币
接待员	1 名	中班、大班	接待顾客，了解顾客需求，收钱、找零	2
司机	4 名	中班、大班	拉黄包车接送客人	3
调度员	1 名	大班	帮助客人找到适合的车型	2
车辆收整员	1 名	中班	检查车辆停放情况并进行清洁	2
经理	1 名	大班	负责协调整个租车行的运行	3

商铺人员关系图：

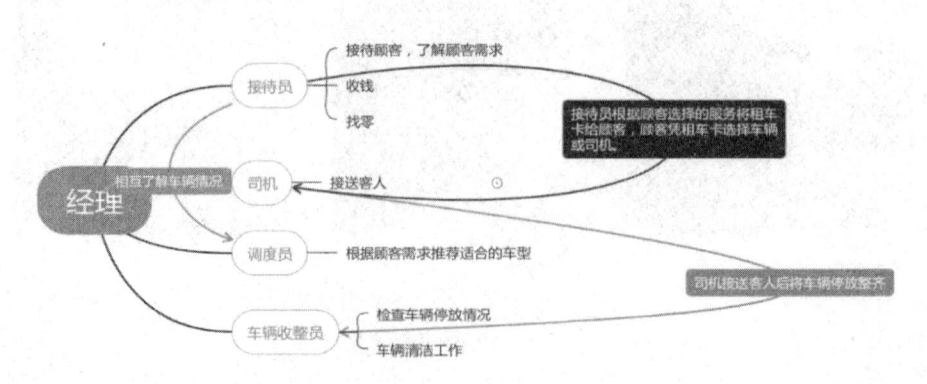

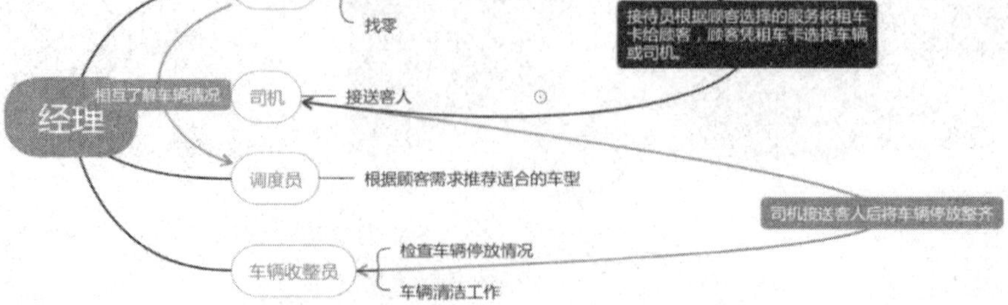

顾客体验流程图：

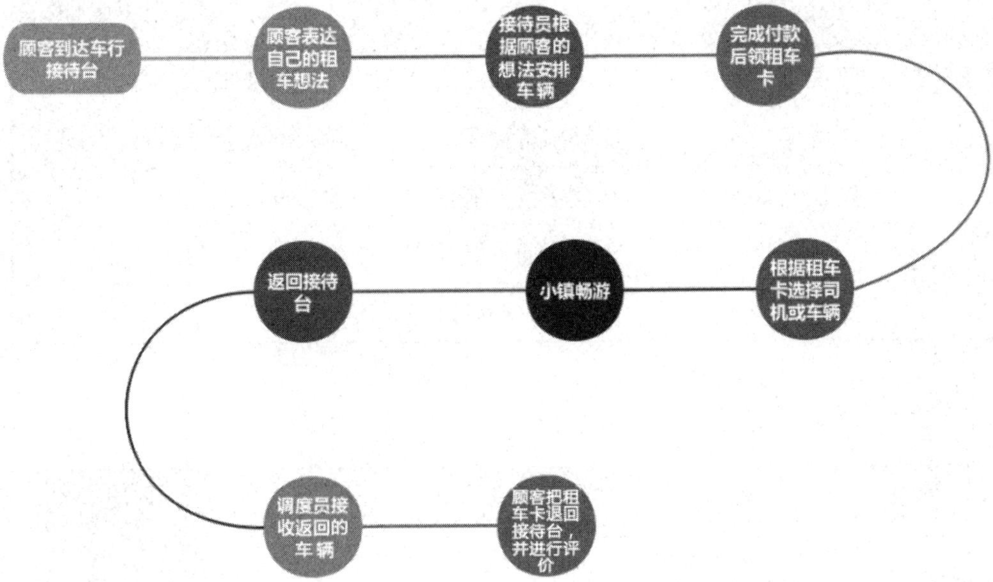
顾客到达车行接待台
顾客表达自己的租车想法
接待员根据顾客的想法安排车辆
完成付款后领租车卡
根据租车卡选择司机或车辆
小镇畅游
返回接待台
调度员接收返回的车辆
顾客把租车卡退回接待台，并进行评价

（北京市通州区教工幼儿园　耿路靖）

二、小镇活动组织：

招聘周：

招聘方案：

活动时间：2019 年 9 月 20 日下午 3:00

活动地点：幼儿园多功能厅

参加人员：中班、大班部分幼儿

岗位	人数	适合年龄	工作内容	和美币
接待员	1 名	中班、大班	接待顾客，了解顾客需求，收钱、找零	2
司机	4 名	中班、大班	拉黄包车接送客人	3
调度员	1 名	大班	帮助客人找到适合的车型	2
车辆收整员	1 名	中班	检查车辆停放情况并进行清洁	2
经理	1 名	大班	负责协调整个租车行的运行	3

招聘标准：

岗位	标准
收银员	认识 1 ~ 10 元；会 10 以内的加减
调度员	能够维持秩序；对于危险的游戏会与小朋友沟通
车辆收整员	礼貌接待，能够收拾整理餐桌
经理	善于沟通，能够进行协调工作
司机	熟悉小镇畅游路线，安全驾驶

招聘方法：

岗位	方法	备注
收银员	1. 微笑服务	
	2. 认识钱币：1 元、5 元、10 元	
	3. 掌握 10 以内的加减法	
调度员	1. 能够用语言沟通小朋友出现的问题	
	2. 能够引导顾客或司机将车辆停放到指定位置	
车辆收整员	1. 微笑服务	
	2. 能够用毛巾清洁车辆	
	3. 检查车辆内是否有顾客遗留的物品	
经理	1. 口齿清晰，能够清楚表达想法	
	2. 通过观察能够发现问题并积极解决	

活动流程：

阶段	活动内容	活动时间	物质准备	负责人	备注
前期准备	针对小班组负责的和美小镇商铺情况，讨论商铺工作人员安排，确定招聘人员的职位、人数、工资及应聘标准	9.16—9.18	1. 招聘考核表 2. 聘书 10 张 3. 工作证 10 个 4. 招聘海报	各班教师及大班幼儿	

续表

阶段	活动内容	活动时间	物质准备	负责人	备注
活动开展当天	1. 上午 8:30 布置各商铺招聘会场 2. 上午 8:45 招聘工作人员到岗 3. 上午 9:00 大班幼儿到备课室参加招聘会 4. 活动结束后，各班收整物品 5. 下午 3:50 颁发上岗聘书，合影留念	9.23	1. 各岗位的面试材料 2. 面试人员的胸牌（即时贴） 3. 正式上岗人员的聘书	各班教师及大班幼儿	1. 为大班幼儿准备面试工资：2 元 / 人 2. 教师协助大班孩子书写聘书

（北京市通州区教工幼儿园　耿路靖）

招聘案例一：

今天是小镇开业前的第一次招聘活动，满满拿着简历来到租车行的招聘地点，着急地说："我要应聘收银员，我要应聘收银员。"工作人员问："你的简历呢？"满满说："简历？我的简历忘带了。"工作人员："那你先排队，然后再进行面试。"满满说："好的。"终于轮到了满满，满满又说："我要应聘收银员。"工作人员："你先介绍一下自己。"满满说："我叫满满，我会算数。"工作人员："请您告诉我，我想租一辆三轮车，我给你 5 元钱，你要找我多少钱？"满满回答："我看看，我看看，价目表上三轮车是 2 元，你给我 5 元，我要找给你 3 元，对不对？我能不能应聘成功？"工作人员："对，你算得没错，但是你不能着急。回去等通知吧，如果收到我们的聘书，就证明你可以来租车行当收银员啦！"

分析：

1. 满满非常清楚自己的想法，能够积极表达自己的意愿。

2. 满满的秩序感较弱，在面试前由于着急应聘而没有排队。

措施：

1. 培训满满作为收银员的礼仪接待。

2. 利用榜样的示范力量，带动满满为顾客服务。

（北京市通州区教工幼儿园　耿路靖）

招聘案例二：

王梓鑫小朋友成了这次招聘会的面试官，负责面试工作。这时来了一个小应聘者："你好，我想应聘接待员。"王梓鑫说："你知道接待员是干什么的吗？"那个小应聘者说："我知道，就是来了客人之后询问客人想租什么车。"王梓鑫说："那我现在是一个游客，我不知道租什么车，面对这样的问题，你应该怎么做呢？"小应聘者说："我可以……嗯……"王梓鑫说："在面对这样的问题时，我们可以先向他介绍一下不同的车型和价位，然后问一下顾客有多少钱，再给他推荐适合的车型。这样吧，你先回去等我们的通知吧！"那个小应聘者点点头转身走了。

分析：

1. 王梓鑫小朋友作为面试官，很好地完成了工作任务，能够主动并大胆地与应聘者沟通交流，有很好的沟通能力。

2. 王梓鑫小朋友用流利的语言向小应聘者提问，表达清晰，语言逻辑能力很强。

措施：

1. 继续培训王梓鑫小朋友在面试官方面的知识，深入了解导游工作可能遇到的问题。

2. 善于利用榜样的示范力量，带动其他小朋友积极参与面试官这个角色。

（北京市通州区教工幼儿园　于芳懿）

培训周：

培训方案：

培训时间：2019 年 10 月 11 日上午 9：00

培训地点：中四班、租车行

培训指导师：中四班教师

参加培训人员：

岗位	人数	姓名
接待员	1 名	云朵
司机	4 名	张逸驰、王朔、葛思凯、崔诗阅
调度员	1 名	景东升
车辆收整员	1 名	王宇含
经理	1 名	赵美琳

培训内容：

接待员：

1. 内容

（1）流程：宣传—接待—交钱—为客人推荐不同的车型

（2）示范接待礼仪

（3）流程：按游客需求收钱—记录—将钱存入银行—统计收入

（4）讲解计算器的正确使用方法

（5）讲解收钱步骤

2. 材料：租车流程图、计算器、海报

调度员：

1. 内容

（1）游戏流程：巡视—提醒

（2）统计车辆数量

2. 材料：分类的车辆总数

车辆收整员：

1. 内容

（1）检查车辆的安全情况以及是否整洁

（2）将司机或顾客的车辆摆放整齐

2. 材料：乱放的车辆、车辆清洁

（北京市通州区教工幼儿园　于芳懿）

培训中生成的集体教学活动：

目标：认识和美租车行，知道租车行的位置。

活动过程：

导入环节：通过照片回忆小班参与和美小镇活动的情景

基本环节：展示和美租车行的图片

讨论：你去过和美租车行吗？

你知道和美租车行是干什么的地方吗？

重点环节：我做主

1. 现在租车行是咱们班负责了，你们有什么想法？

2. 我们可以开展什么活动？

结束环节：整理幼儿想法，制作宣传海报。

（北京市通州区教工幼儿园　耿路靖）

区域活动：对对碰

活动目标：通过操作材料能够区分不同车辆的用途。

活动材料：黄包车、出租车、滑板车、三轮车。

活动指导：

观察各式各样的车型图片，能够根据图片信息安排车辆。

家长资源：

发起家园合作内容：参观小区、商场停车区。请家长带领幼儿打车出行，体验乘坐出租车的流程。

（北京市通州区教工幼儿园　李宝新）

培训案例一：

经理说："欢迎你们加入我们的团队，今天我来给小朋友们进行培训，咱们今天培训的内容是接待员，接待员的工作是什么？"蕙蕙说："就是顾客来了，微笑接待顾客，然后问顾客需要什么车型。"经理说："那可以怎么问？"蕙蕙说："您好，请问需要什么车型？"经理说："我现在扮演顾客。我想坐车，但是我不知道坐哪个车。这样的情况，我们怎么接待？"蕙蕙说："那就让小朋友再想想。"经理说："你看，咱们这儿有车型的宣传海报，如何用上？"蕙蕙说："你可以看看我们的车型，然后喜欢哪个就可以租用哪个。"经理说："可以，那在培训后你一定得熟悉咱们所有的车型。那如果顾客的钱不够了，怎么办？"蕙蕙回答："那就告诉他你的钱不够了，下次再来玩。"经理说："培训到此结束，我觉得你可以担任本次的接待员了。"

分析：

1. 蕙蕙知道应该热情接待顾客，在提示后能利用租车行的宣传海报给顾客介绍车辆。

2. 蕙蕙听从经理的建议，能够友好地为顾客提出建议。

措施：

1. 丰富租车行的宣传手册，使工作人员能够清楚地出示给顾客。

2. 一起讨论并丰富培训的方式。

（北京市通州区教工幼儿园　耿路靖）

培训案例二：

将租车行的车辆无序摆放在车位内，然后把三轮车和黄包车的车座上弄上灰尘和放上一个小包，接下来请车辆收整员进行工作。武文博看到乱放的车子，先把车子都停到车位内，然后说：“工作完成。”经理提示：“你的工作完成了吗？”武文博开始检查，看看车都摆在车位内了，然后发现了小包，问：“这是谁的包？”经理说：“这是顾客落在这儿的，怎么办？”武文博：“给收银员。”经理拉着武文博：“你看，车都停在车位里了，但是三轮车和黄包车的位置放错了，还有，你看这个车座上的灰尘。”武文博听到经理的培训，按照图示重新摆放了车辆，然后把每辆车都擦了一遍。

分析：

1. 武文博能够将车辆摆放整齐，但是缺少对规定车位的认识。

2. 武文博看到小包后，知道捡起来交给收银员。

3. 收整员容易忘记检查车辆的卫生情况。

措施：

1. 细化车辆摆放位置的标识。

2. 完善车辆收整员的工作手册。

（北京市通州区教工幼儿园　耿路靖）

和美租车行培训说明

培训内容	形式	实现目标定位	资源利用	备注
接待员礼貌招呼客人	现场培训	能够礼貌热情地接待客人，给客人介绍适合的车型	工作手册	
调度员随机应变的能力	现场培训	能够整体观察车辆停放情况	教师	
车辆收整员	老带新	及时清洁车辆	家长资源	
经理的协调能力	实地参观	能够协调各工作人员	活动视频	

讲解稿：

小朋友们，大家好！我是中四班的小朋友，欢迎大家来到我们和美租车行，今天我们为大家讲解一下中国汽车的制造过程。

我想问你们一个问题，你们知道中国最早的一辆汽车是谁发明的吗？是张学良叔叔领导制造的。1929 年，张学良叔叔把一个制造武器的工厂改成了制造汽车的工厂，主要用来研究如何制造载货汽车。但是由于当时我国的技术比较落后，所以不会独立制造汽车。聪明的张学良叔叔从苏联买了一辆汽车，他找了一些聪明人和他一起研究。他们用三年的时间做出了中国第一辆国产汽车——民生牌 75 型 6 缸水冷载货汽车。

现在，马路上的汽车不光可以烧油，还出现了新能源汽车。你们知道什么是新能源汽车吗？新能源汽车就是不烧油的汽车，它能够利用电力进行驱动，它的好处是无污染，噪声低，结构简单，维修也很方便。目前许多新能源汽车用的是铅蓄电池，能够储存很多电量。在未来，汽车还会不断发展变化，目前人类正在研究氢气汽车以及智能化汽车。相信在不久的将来，人类一定会研究出更有创意的汽车。谢谢大家，我的讲解到此结束。

宣传周：

宣传方案：

宣传目标：让小镇居民了解当月租车行的精彩活动

宣传时间：2021 年 11 月 20 日

宣传地点：各班级

宣传形式：现场、视频

为了更好地落实《指南》精神，构建幼儿园园本课程，大力开展社会性实践活动，同时结合幼儿园和美小镇的活动，小二班在此次活动中负责的店铺是和美租车行。活动意在提高小班初期幼儿大胆交流、愿意与人交往的能力，让他们感受到社会实践活动的快乐。具体活动安排如下：

一、活动目标

1. 愿意参与和美租车行的活动，在活动中愿意与他人交流，能感受到活动的快乐。

2. 通过活动能够了解租车行的简单经营方法。

3. 幼儿能够通过活动提高交往能力。

二、活动时间、地点

1. 时间：2021 年 10 月

2. 地点：和美租车行（幼儿园小车停放处）

三、活动具体安排

活动阶段	活动内容	负责人	备注
店铺联动	1. 与和美花店联动，提前预订开业花篮和大麦等 2. 与搭建体验屋联动，开启赛道赛车游戏 3. 与照相馆联动，开启骑行拍照活动 4. 与和美环卫联动，提前预订垃圾车 5. 与超市和邮局联动，开启开业当天抽奖送大礼活动 6. 公交车与导游团联动，开启定制旅行团、旅游大巴等活动	本班教师和幼儿	提前和各商铺商量联动事宜与制定价格
前期准备阶段	1. 班级教师开班会，确定租车行的开展形式 2. 针对和美租车行的活动和家长、幼儿一起商讨 3. 全体家长与幼儿去公园实践了解租车业务，收集有关图片进行讲解及制作流程图 4. 和幼儿共同商议制作和美租车行的租车卡，以便小班幼儿方便进行收费 5. 用 KT 板制作开业背景图 6. 和家长与幼儿共同商量制定和美租车行的租车讲解说明，并进行录制 7. 进行招聘活动，招聘本次活动中和美租车行的小工作人员	班级幼儿、班级教师、班级家委会成员	1. 负责和美租车行讲解说明的幼儿家长负责将幼儿的讲解录制好，并生成视频 2. 班级教师提前准备好 KT 板

续表

活动阶段	活动内容	负责人	备注
活动开展当天	1. 活动开始之前在店铺门口展示开业大酬宾 KT 板和和美租车行价目表在店铺门口 2. 班级幼儿负责把自制的开业装饰品放在车上 3. 租车行工作人员穿好工作服，做好准备工作 4. 活动结束后负责租车行工作的幼儿收整物品 5. 教师和幼儿一起统计当日和美租车行的收入，教师和幼儿一起总结，鼓励幼儿大胆表达自己的想法	本班教师及幼儿	1. 杨晶晶负责活动当天的拍照工作 2. 张馨元负责活动当天的车行活动辅助 3. 金霞负责活动当天的其他幼儿活动
前期准备阶段	1. 班级幼儿共同制作和美租车行开业的车辆装饰 2. 制作租车价目表，图文结合，小班初期对钱不熟悉，帮助幼儿便于收钱	班级幼儿、班级教师、班级家委会成员	1. 负责和美租车行讲解说明的幼儿家长负责将幼儿的讲解录制好并生成视频 2. 班级教师提前准备好 KT 板
活动宣传阶段	1. 班级幼儿共同选出宣传组小朋友，进行全园的宣传工作 2. 本班幼儿共同制作开业宣传海报和宣传单，激发幼儿参与活动的兴趣	本班教师及幼儿	

（北京市通州区教工幼儿园　耿路靖）

畅游日：

案例一：

高溢谦是和美租车行的小经理。因为当天小镇开业，所以我们特意让租车行的小经理穿着小鸡的服装吸引顾客。为了让顾客更加愿意购买租车卡，所以我们开展了购买租车卡抽好礼的活动。礼品是我们小二班的小朋友亲手制作的班宠小萌鸡。于是就有了视频里的那一幕：我们租车行的小经理抱着抽奖桶在宣传。起初办卡的人很少，高溢谦只是在原地不动，也不说话，等着小顾客们上门来问，看到效果不好，孩子表现得也很被动，不会主动和他人沟通，于是老师引导他大胆走出去，到店铺外面宣传。高溢谦一开始只是走了出去，并没有宣传，总是跟着老师，但是在老师的鼓励下他大胆走向了人多的地方，因为人多的地方才好宣传。在老师的鼓励下，他思考一下大胆喊出“办卡抽奖”的宣传语。但是他发现小朋友们虽然看向他，但是没有人来办卡。老师看到后鼓励他要向小朋友介绍抽奖的内容，但是这个环节是在老师的帮助下完成的。后来因为没有小朋友办卡，他有些灰心没有坚持。但是后面鲁老师来帮助他，一步步引导他，他成功卖出了第一张卡。也是在卖出第一张卡后，高溢谦越来越有经验，为之后卖出多张卡奠定了良好的基础。

这是小班第一学期的第一个月，也是小朋友们第一次接触和美小镇的活动。虽然老师在前期已经给孩子们讲述了活动的相关内容，并带领大家观看了之前活动的视频，但是在实际操作中孩子们对小镇活动还是有些许的陌生感，所以出现了以上事情。因为前期预想到小班幼儿一开始的表达能力和交往能力有限，所以我们给小朋友准备了独特的小萌鸡服装造型，想借此能够吸引其他小朋友的目光，让宣传的幼儿能够大胆地走出去，和他人进行交往。事情一开始，小经理没有勇敢走出去，只是在原地等顾客，明显能够看出幼儿的自信心和与人交往的勇气还需要增强。之后在老师的鼓励下，他能够大胆走出去，但也只是身体走了出去，并不敢和小朋友交流，能够看出幼儿的交往能力还需要加强。后来经过老师的鼓励和指导，高溢谦能够大胆宣传租车行的活动。但是宣传的语言也只是简单的“办卡抽奖”，一直重复说。从其他小朋友的表现能够看出，大家并没有听懂他的意思。所以后面在老师的鼓励下，他能够把话说完整，告诉大家是和美租车行的活动，活动内容是办租车卡抽奖送好礼。直到后来鲁老师来了，在鲁老师一步步的问题引导下，高溢谦终于卖出了第一张租车卡。也是因为有了这个第一次，在之后的活动中，我们和美租车行小团队又卖出了很多租车，挣到了第一桶金。

第一次活动已经比预想的棒多了。虽然是在老师的一步步引导和帮助下开始的，但是回到班级我们也给了孩子们很多鼓励和帮助幼儿总结了这次活动，和孩子们一起商量了解决办法。我们相信在下次活动中，我们和美租车行一定会更棒，能得到更多小朋友的喜欢。

支持策略：

活动梳理：回到班级后教师和全体幼儿共同分享了这件事情，并给孩子们观看了这个视频，引导孩子们共同思考，发现问题，让孩子们大胆想出解决办法。

家园合作：利用接下来国庆假期，我们给孩子和家长留了小任务，请家长带幼儿去通州公园体验和参观租观光游览车的小店铺，进行实践学习，为我们下个月的和美租车行营业做好准备。

（北京市通州区教工幼儿园　耿路靖）

案例二：

朱楷睿是和美租车行的收银员，但是在收银过程中的找钱环节出现了小问题。小班的小朋友年龄偏小，对金钱上的数字不是很敏感，导致少找了大班一个小哥哥一元钱。起初大班的小哥哥并没有意识到少找了他一元钱，所以在玩完以后就离开了和美租车行。但是过了一会儿，大班的哥哥发现了这个问题，回到租车行找到朱楷睿协商少找了一元钱的问题。朱楷睿面对这个没有遇到过的问题，并没有逃避和不解决，相反很认真和积极地解决问题，运用了语言协商、积极沟通、寻找办法等各种方式。在一旁的王夏涵没有了解情况就要给大班哥哥一元钱，被朱楷睿拦了下来。朱楷睿是这样做的：先了解情况，情况属实后，积极解决，找给了大班哥哥一元钱。

分析：

小班上学期的幼儿，一是对金钱的概念还有待提高，二是数学发展水平也有待提高，所以会出现找错钱的情况。但是面对这样的问题，当大班的哥哥找回来的时候，小班的朱楷睿并没有胆怯，也没有寻求老师的帮助，而是自己积极想办法解决。当看到同伴的小工作人员不问清楚就要给大班哥哥一元钱的时候，他第一时间制止了，把他请到了他应在的工作岗位上，自己想办法解决了这个问题。当不认同同伴的做法时，他能够大胆提出质疑，并理智地解决问题。在解决过程中他能够做到先倾听，再分辨事实，最后给出解决方案，还给了小哥哥一元钱。

措施：

1. 活动梳理：回到班级后教师和全体幼儿共同分享了这件事情，并给孩子们观看了视频，引导孩子们共同思考，发现问题，让朱楷睿大胆分享自己的解决办法，引导班级幼儿大胆地分析。之后教师总结，引导幼儿学习。

2. 家园合作：在接下来的学习中，我们会运用到家园合作的方式，让幼儿进一步对商铺活动中会运用到的数学问题进行了解和学习，为我们下个月的和美租车行营业做好准备。

（北京市通州区教工幼儿园　马晓庆）

案例三：

收银员准备收钱，教师介入询问谁要买汽车，然后重新定价，接着教师重新帮助收银员认识物品价格，购买汽车的小朋友掏出钱，收银员没有意识到要收钱，还在与商铺工作人员聊天，购买汽车的小朋友给钱没人收，便把汽车放了回去。收银员帮忙捡掉在地上的钱，这时售卖员成功卖掉一件物品，然后与收银员分享自己刚收获的一块钱。收银员问：

“咱们赚几块钱了？”教师介入，明确物品价格。教师手拿飞机问：“这个多少钱？”收银员：“这个5块。我以为这个10块。”教师说：“10块也对。”收银员把飞机放回原位，然后与售卖员分享：“已经赚了9块钱。”售卖员带着收银员被其他商铺吸引。售卖员拉着小朋友选购小吃，然后准备结账，收银员询问：“这个几块？”售卖员回答：“一块，一块。”收银员说：“这不是2块吗？这个2块。”小朋友给了售卖员1块钱，离开了店铺。

分析：

从李老师和孩子们的对话可以看出，参加活动的幼儿分工不明确，没有发挥幼儿的主体作用。另外，从贾禹晨、王俊元的对话中，能发现他们对顾客的要价不一致，事先准备得也不够充分。

措施：

1. 活动前期做好培训，明确工作人员的分工及职责。

2. 统一定价，不能擅自改价。

（北京市通州区教工幼儿园　李宝新）

案例四：

小镇开业了，张浩然是今天的接待员，第一次工作的他，说话声音较小。他在介绍租车行的不同车型时，简单地把车的名字告诉小朋友就结束了。小朋友由于年龄较小对车都很好奇，所以东看看西看看，没有人听他的。他刚说完，小朋友就一下都冲上去骑车了。收银员赶忙帮他一起组织小朋友，并根据海报了解了租车行的不同车型。

分析：

张浩然负责接待顾客，带领小顾客熟悉租车行的不同车型。在此过程中，该幼儿声音较小，没有对车辆内容进行详细介绍，导致秩序混乱。

措施：

1. 增强幼儿对租车行不同车型的功能的了解。

2. 增加幼儿的自信，鼓励幼儿大胆表达。

（北京市通州区教工幼儿园　于芳懿）

和美小镇冒险岛实践案例

一、小镇商铺架构

（一）商铺名称

冒险岛

（二）经营内容

体能、娱乐。

（三）目标

1. 促进幼儿大肌肉的发展，引导幼儿体会户外游戏的乐趣，体验与同伴一起游戏的乐趣。

2. 引导幼儿参加体育活动，鼓励幼儿养成自主、合作、勇敢、不怕困难的良好品质。

（四）材料准备

1. 场地要求：场地图片（活动中）

2. 所需材料

角色材料	经理	服装、胸牌
	检票员	收银机、游戏币、笔、本
	安全员	服装
操作材料（多指顾客操作）	顾客	和美游戏币

（五）商铺职位（基础配置）

岗位	人数	适合年龄	工作内容	和美币
经理	1	5～6岁	负责协调冒险岛内的人员安排以及突发情况	5
收银员	1	5～6	负责冒险岛的收银工作	2
检票员	2	4～5岁	负责检票	2
安全员	2	5～6岁	负责冒险岛的安全保障工作	2

商铺人员关系图：

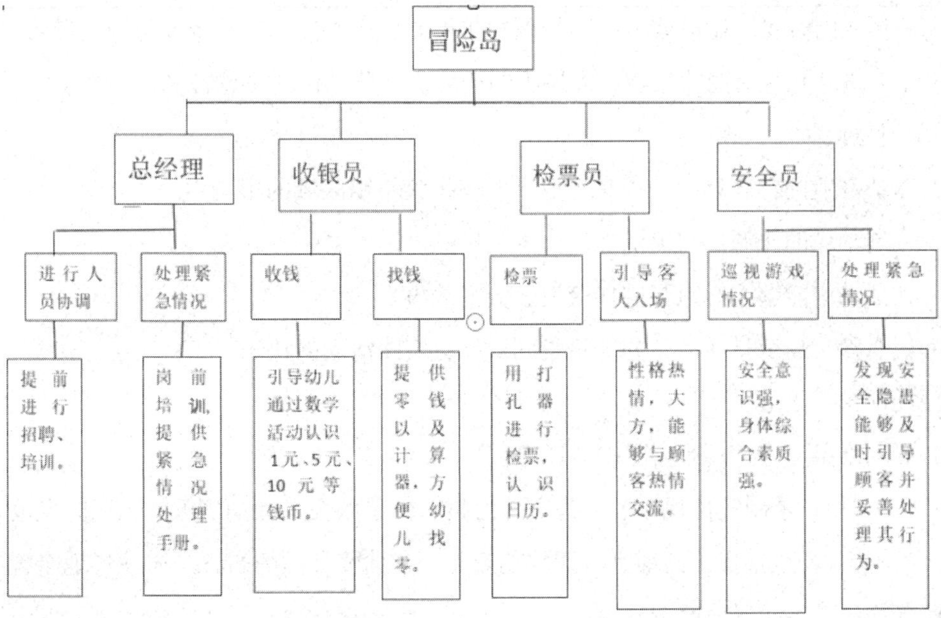
冒险岛
总经理
收银员
检票员
安全员
进行人员协调
处理紧急情况
收钱
找钱
检票
引导客人入场
巡视游戏情况
处理紧急情况
提前进行招聘、培训。
岗前培训，提供紧急情况处理手册。
引导幼儿通过数学活动认识1元、5元、10元等钱币。
提供零钱以及计算器，方便幼儿找零。
用打孔器进行检票，认识日历。
性格热情，大方，能够与顾客热情交流。
安全意识强，身体综合素质强。
发现安全隐患能够及时引导顾客并妥善处理其行为。

顾客体验流程图：

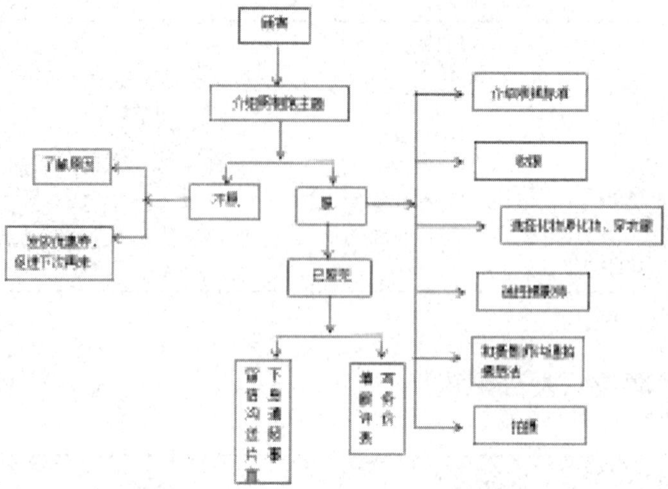

（北京市通州区教工幼儿园　刘红运）

招聘周：

招聘方案：

临近暑假，幼儿最喜欢的小镇活动开业在即。为了更好地落实《指南》精神，构建幼儿园园本课程，和美冒险岛会在疫情防控背景下拓展游戏内容。为了吸引新、老游客来店消费，店铺特推出开业优惠、幸运抽奖等活动，以此保证本店铺打开和美小镇区域市场所做前期铺垫。同时我们还根据不同年龄班幼儿年龄特点设计了三种难度等级的游戏，以此激发各年龄班幼儿对活动的兴趣，发展不同年龄班幼儿动作的协调性和灵活性。

活动目标：

1. 营造开业的喜庆氛围，提高开业人气，扩大小镇区域的影响力。

2. 发展动作的协调性和灵活性。

3. 在活动中能够大胆地与同伴交流、分享故事。

4. 愿意参与畅游日活动，并能感受到微社会实践活动的快乐。

活动安排：

1. 前期准备

（1）宣传：录制宣传视频、公告宣传海报、传单派发（活动当天在入园时发放。）

（2）开业场地布置：商铺进口摆放花篮 4 个、抽奖礼品的布置、游戏场地布置及游戏道具准备。

2. 活动时间：2021.9.30 上午 9:00—10:00

游戏名称	地点	材料准备	负责人
猫咪挖宝	沙池（小班游戏区）	沙池玩具若干、小铲子、猫咪贴纸若干	王雨桐
猫咪蹦跳	网子、船头、跳床（中班游戏区）	猫咪贴纸若干	王雨桐、大班幼儿工作人员 1 人
猫咪爬网	爬网、二楼小阳台（大班游戏区）	“多宝”印章、猫咪贴纸若干	小一班老师一名

活动玩法：

猫咪挖宝：戴上猫咪头饰模仿猫咪，用小铲子在沙池中寻找“宝藏”，找到的宝藏越多越好。

猫咪蹦跳：模仿猫咪，由冒险岛船头部分爬上网，到跳床体验不同跳床姿势，再到网子通道滑下完成。

猫咪爬网：贴上猫咪贴纸模仿猫咪，由冒险岛入口处的分层爬网部分爬上，爬到二楼小阳台，获得“福宝”印章一枚。

招聘周：

冒险岛招聘方案					
岗位	人数	适合年龄	工作内容	和美币	备注
经理	1	5 岁 6 岁	负责协调冒险岛内人员安排以及处理突发情况	5	
收银员	1	5 岁 6 岁	负责冒险岛的收银工作	2	
检票员	2	4 岁 5 岁	负责检票	2	
安全员	2	5 岁 6 岁	负责冒险岛的安全保障工作	2	

（北京市通州区教工幼儿园　郝思佳）

招聘案例一：

和美小镇的招聘季开始了，明明早就计划好要应聘安全员，因为他觉得安全员可以保护小镇居民的生命安全，可以帮助顾客顺利游戏。在面试环节，她对于安全看护的重点事宜说得特别明白，设备设施的注意事项、玩耍中的安全预见，把自己的想法大胆向面试官表明，并认真回答了面试官的问题。

他说："我的工作很重要，我要在开业时重视顾客来我们冒险岛的安全保障和顺畅游戏，然后热情接待他们，为他们做疏导，告诉他们商铺的规则和要求，还要在他们游戏结束时询问游戏感受，让他们做出评价，然后争取做得更好。"

分析：

1. 能够做事有计划，有自己的想法。

2. 敢于大胆表达，有一定常识经验。

支持策略：

1. 加强规范性的岗前指导。

2. 加强安全服务专业化的训练内容。

（北京市通州区教工幼儿园　刘红运）

招聘案例二：

和美小镇的招聘季开始了，天天想应聘收银员，因为他觉得自己在算数方面很有优势，可以帮助顾客准确快速地收钱和找钱。在面试环节，她对于游戏币的面值描述得很清楚。考官提问："当游客给你5元游戏币时候，入场券需要2元，买一张券你需要找多少钱？"天天说："5元花了2元，还剩下3块钱，我得找给顾客3元。"面试官说："如果真的找错钱了怎么办？"天天说："我会和顾客说不好意思，我找您的钱不对，我应该给您多少钱，对不起！"天天认真回答了面试官的问题。面试官说："你原来应聘过其他职位吗？"天天说："我原来做过照相馆的服务人员，所以我知道怎么有礼貌地和顾客交流。银行工作需要会算数，要有聪明的脑袋，我觉得我很聪明，所以想来挑战一份新工作。"面试官说："你觉得你的工作重要吗？"

他说："我的工作很重要，冒险岛的顾客特别多，我需要快速收钱找钱，才能不让顾客长时间等待，让小游客顺畅游戏，热情接待他们会让小游客有心情买票。"

面试官说："你说得很对啊！除了认识钱，会收钱和找钱，工作中热情有礼貌也很重要呀，我们收到了你的简历，今天面试到此结束。"

分析：

1. 敢于挑战新领域，有自己的想法。

2. 敢于大胆表达，有一定常识经验。

措施：

1. 加强规范性的岗前指导。

2. 加强收钱、找钱服务专业化的训练内容。

（北京市通州区教工幼儿园　刘红运）

培训内容	形式	实现目标定位	资源利用	备注
热情地与顾客沟通，介绍游戏玩法	语言活动	热情引导顾客，了解服务性语言话术	教学活动	
保证活动安全进行	社会活动	保证活动有序进行	家长资源	
保证游戏人员数量的适宜性	社育活动	熟悉游戏区流程，及时引导顾客走向	家长资源	
钱币认知和基础计算	数学活动	进行收款找零工作	家长资源	

（北京市通州区教工幼儿园　姚佳彤）

可生成的教学活动：

教案一：生活中的礼貌用语

活动目标：

1. 培养幼儿懂礼貌的良好习惯。

2. 使幼儿知道一些礼貌用语及其使用场合。

3. 培养幼儿乐意在众人面前大胆发言的习惯，学说普通话。

4. 养成敢想敢做、勤学、乐学的良好素质。

教学重点：通过学习，让幼儿养成懂礼貌的好习惯，初步培养幼儿的道德情操。

教学难点：让幼儿分角色进行情境表演，要求幼儿们表演时要有表情。

活动准备：

1. 准备一些礼貌用语的图片。

2. 室内活动，让两个幼儿扮演助教角色。

活动过程：

一、谈话引入活动，激发幼儿的学习兴趣

二、教师请两个幼儿上台进行情景表演，一个小朋友不小心踩了另一个小朋友的脚，他立刻说：“对不起！”另一个小朋友回答：“没关系！”

三、教师提问：“小朋友们，我们平时在哪些地方会使用礼貌用语？”（让幼儿自由发言）

1. 让幼儿打开课本，问：“小朋友，你们能看出图中的小朋友说了哪些礼貌用语吗？你会用这些礼貌用语吗？”

2. 教师教课文中的礼貌用语。（“对不起！”“没关系！”“谢谢你！”“不客气！”“老奶奶，您请坐！”“再见！”“再见！”）

四、教师出示图片，让幼儿观察，并提问

1. 当警察叔叔把你送到马路对面时，你会怎么做？面对别人的好意帮助时，你应该怎么做？

2. 当你在公共汽车上，遇见一位老奶奶上车了没有座位时，你应该怎么做？

3. 在街上遇见了过去的邻居阿姨，你应该怎样说？当遇到熟人时你该怎么做（让幼儿自己说，教师鼓励、启发）

五、让幼儿分角色进行情境表演，要求幼儿表演时有表情。

六、教师总结：礼貌是在日常生活的行为体现，任何方面都应注意礼貌。如：家里来了客人要请坐，端茶。得到别人的帮助要说“谢谢”。做错事要说“对不起”。

（北京市通州区教工幼儿园　姚佳彤）

教案二：我是安全员

活动目标：

1. 提高幼儿的自我保护能力。

2. 培养幼儿识别游戏时的安全和危险的能力。

3. 能大胆、清楚地表达自己的见解。

4. 遵守社会行为规则，不做“禁止”的事。

活动准备：

1. 图片两张。

2. 安全卡片和不安全卡片若干。

操作要点：

一、导入活动，引出话题

1. 小朋友都喜欢玩球，而且有许多玩球的方法，但是小孩子应该在哪里玩球呢？

2. 出示两张图片，请大家仔细观察，然后讲讲在哪里玩球好。

3. 一张图片里有车道，旁边有小河；另一张是有围栏的空地。

4. 我们应该在第二张图片所表示的地方玩，为什么？引导幼儿说出第一幅图片中的不安全因素，只有在没有障碍的空地玩球才是安全的。

二、故事：《受伤的皮皮》

1. 故事里有谁？讲了什么？

2. 皮皮为什么三次受伤？

3. 我们从故事里受到了什么教育？

三、游戏：传球

玩法：教师准备有安全内容和不安全内容的卡片，幼儿围坐在一起听铃声传球，当铃声停下时，手拿球的幼儿从盒子里取出一张卡片面向全体幼儿问："这样玩可以吗？"幼儿根据卡片内容边拍手边讲"对，对，对，可以这样玩"或"错，错，错，不能这样玩"。游戏可以反复进行。

四、集体讲评

今后在生活中，游戏时应该如何自我保护，注意安全。

（北京市通州区教工幼儿园　刘红运）

教案三：认识钱币

一、活动目标

1. 认识 1 元到 10 元的币值与数字对应。

2. 币值的换算。

3. 书记符号与钱币的对应。

4. 常规培养：养成不乱花钱、懂得储蓄的好习惯。

二、活动准备

10 元纸币、1 元硬币（打印多份硬币）、存钱罐、蜡笔、操作册。

三、活动过程

（一）引起动机

1. 认识 1 元硬币币值和外观图案

今天许老师带来一个神奇的百宝盒，里面装着神秘的东西——出示盒子（用口令变出来）。我们一起来喊口令：咕噜咕噜，变变变（是一个漂亮的存钱罐）。那我们一起来听一听（存钱罐）。里面装着什么！（硬币或纸币）老师要把它变出来（摇出 1 元硬币）看看这是什么呢？（1元硬币），老师现在要把1元硬币变大。“变、变、变”（出示硬币正反面的打印图）让幼儿认知1元硬币的币值和外观。

小结：

1.1元硬币的币面上有个元字，而且上面有朵菊花。

2. 认识10元纸币币值和外观图案（出示10元纸币）

小朋友观察这是几元钱？（10元）。老师再把这张纸币变大，让大家看清楚“变、变、变”；你是怎么看出它是10元的？（幼儿讨论回答）

小结：10元纸币的纸面上有数字10和元字、背面的图案是长江三峡图。

（二）情境海报讨论

1. 一张10元纸币，可以换多少个1元硬币？（10个）（幼儿说对后，教师在黑板上做好币值的记录，10元=10个1元）

2. 小动物们也存了很多很多钱，仔细观察并说一说穿橙色衣服的青蛙面前放着多少钱？（10元）你能拿出和他一样多的钱吗？

3. 那穿蓝色衣服的松鼠有多少钱？（两张10元合起来就是20元）

4. 穿绿色衣服的松鼠面前放着多少钱？（1元硬币）

5. 牛老师旁边的小猴有多少钱？（6元）

6. 穿粉红色衣服的小老虎桌子上放着多少元？（11元）你能拿出和他一样多的钱吗？

7. 邀请一位小朋友上来从老师的篮子里取出和它一样多的钱。

（10元纸币和1元硬币合起来是11元，1元硬币和10元纸币合起来也是11元。）

小结：我们要做不乱花钱的好孩子。小朋友们，爸爸妈妈给你们的零花钱有没有存起来呢！我们要把零花钱存起来，等到需要用的时候经过家长的同意再取出来，要养成不乱花钱的好习惯。

（三）师幼互动、幼儿操作认识钱币符号

1.（出示1元钱币符号）小朋友见过这个符号吗？这个符号叫钱币符号。

2. 两个钱币符号表示多少元呢？（两元）。三元钱要用几个钱币符号表示……

3. 购买这个物品需要多少钱？（幼儿逐一观察）在左边方框里数一数有几个钱币符号，再在右边方框中找到相应币值的钱币连线。（以下题目用同样的方法操作）

小结：操作中注意幼儿的情况。

（北京市通州区教工幼儿园　郝思佳）

畅游日

案例一：

今日在小镇活动中，明明成功应聘上了安全员。很多小游客都想自己参与冒险岛的游戏，冒险岛的猫咪挖宝的游客特别多，大家挤得情绪不太好。

后来明明说："小游客们，你们不能都玩猫咪挖宝，这样挤着工具容易伤到别人。"有个小游客说："我们买票就是玩冒险岛的，我想玩挖宝，我最喜欢沙子了。"后来明明着急了，他说："我是负责你们安全的，我怕你们受伤才提醒你的。"顾客有些生气了："你怎么不让别人走？非要让我走！"明明说："我没有别的意思，其实冒险岛还有好几项游戏呢，比如猫咪爬网、猫咪跳跳，你可以体验不同的游戏区，一张票都能玩，我只是想你玩得舒服。"小游客抬头看到别人在蹦床上跳得特别开心，就放下了挖宝工具准备去了。明明说："我可以带你们去哟！"就这样，顾客跟着明明的指引，进入到了下一个游戏区。

分析：

1. 幼儿面对这样的状况，不会解决，导致处理安全问题时与小游客发生争执。

2. 活动时，通过表达自己的初心，让顾客理解其职责。

3. 活动时，通过引导去别的区域，改善顾客的活动想法。

措施：

1. 及时与幼儿沟通，让幼儿明白游戏中的语言艺术，灵活运用思维解决问题。

2. 培养幼儿的礼貌习惯，当游客明显不愿意时，可以用其他方法解决工作中遇到的问题。

（北京市通州区教工幼儿园　郝思佳）

案例二：

今天的小镇活动中，客人特别多，大家都想来冒险岛体验各种游戏。蹦床上有七八个小朋友，这时经理美美找来安全员去调整人数。后来上面的小朋友不停地嬉笑打闹，安全员一个人没有办法制止，于是美美穿过船体来到蹦床处说："小游客们，咱们的蹦床只能承受五个人。太多人跳就不安全了，蹦床禁不住那么多人。"小游客们争吵着说："我先来的呀！我还没跳够。"美美看到游客不开心了，又说："我们楼下有成长墙绘画活动，您可以跟我一起去参与，还可以集一枚小印章哟。"这时有两个小朋友说："走，咱们看看去！"两个游客和美美一起来到了楼下。他们看到了许愿墙，美美说："我们的冒险岛有很多好玩的活动。大家在这里玩得很开心，也有很多快乐和收获。你们可以把自己的感受和期望写在爱心卡上，贴在我们的许愿墙上。你们一定会梦想成真的！”这个时候安全员来了：“美美经理，咱们沙池里的小朋友也太多了，小伙伴们玩不开了，我也安排几个来许愿墙吧？”美美说：“好的，可以请五个游客分散到这里来，你去跟他们说一说，好好说啊！”安全员点了点头。这个时候有的顾客说：“我不会写字，怎么表达心愿呢？”美美说：“你可以画出来呀，只要是你心中的成长愿望，就可以呀！”小游客说：“谢谢你啊！这么多漂亮的笔，我可以画起来。”就这样大家热热闹闹地画起了成长愿望卡。

分析：

1. 幼儿面对这样的状况，对安全隐患心中有数，能够主动预防危险的发生。

2. 活动时，通过表达引导顾客改变心意，让顾客理解安全的重要性。

3. 活动时，通过引导去其他区域，改变顾客的想法。

措施：

1. 及时与幼儿沟通，让幼儿明白游戏中的语言艺术，灵活运用思维解决问题。

2. 培养幼儿的礼貌习惯，当游客明显不愿意时，可以用其他方法解决工作中遇到的问题。

3. 在安全问题上，经理要给安全员更多的发挥空间，而不是一个人去控制人员数量，应该先和安全员商量。

（北京市通州区教工幼儿园　刘红运）

案例三：

今日在小镇活动中，天天成功应聘上了收银员。很多小游客都想自己参与冒险岛的游戏，有的是通过积攒获得门票，有的需要现场直接买票入场。现场排队的人很多，天天看到买票和换票的都排在这里，需要一个个解释。这时候天天作为收银员找到经理说：“我这里排队的人太多了，兑换门票和买门票的小游客都在这里呢，这样太乱了。”经理说：“我也发现了，不如咱们分头做任务，我负责用兑换券入场的游客，你负责花钱买票的游客。”天天很赞同经理的办法，于是对着长长的购票队伍说：“亲爱的游客朋友，需要现场花钱买票的小朋友在我这里排队，如果用集印章兑换的入场券的小朋友可以找我们经理直接兑换。”在售票时，天天很有耐心地一个一个收钱、找钱，经过刚才的分流入场，顾客们排队等待的情况也得到了很好的缓解。有一个顾客拿了 10 元钱买票，天天在算钱时发现有困难了，于是他把 10 元变成两个 5 元，然后扣除 2 元门票后，出现一个 5 元、一个 3 元，就算出了要找给顾客 8 元。这个时候小游客说：“小哥哥，你好厉害呀！”在收银任务中，天天非常机智地化解了棘手情况，让冒险岛的入场情况更加顺利了。经理说：“天天，我们真的可以说是最佳搭档了。你的小脑袋里都是智慧呀 !”

分析：

1. 幼儿面对这样的状况，不会解决，导致不能在第一时间做出反应。

2. 活动时，通过思考发现自己的工作重心是收钱、找钱，所以很多兑换门票的游客不在自己的工作范畴内。

3. 活动时，主动与经理沟通，将顾客分流，缓解入场压力，顺利收银。

措施：

1. 及时与幼儿沟通，活动前设立兑换券置换场地，与收银台分开，而不是混在一起。

2. 培养幼儿 10 以内加减法的计算，用游戏的形式让幼儿自然和愉快地接收 10 以内加减法的小知识。

（北京市通州区教工幼儿园　刘红运）

案例四：

今日在小镇活动中，琪琪成功当上了检票员。很多小游客都想自己参与冒险岛的游戏，在抽奖转盘那里聚集了好多人，大家都想抽到小礼物和门票，现场很混乱，检票员甚至也无法检票。

后来琪琪说:“小游客们,你们如果想参与活动就要排好队,这样挤着既不能检票入场，又影响了抽奖，玩的时间就少了，也看不到哪个游客抽到了小礼物。”有个小游客说：“我们只想快点进去，我想玩快乐挖挖沙，我最喜欢沙子了。”琪琪说：“我是负责给你们检票的，只要大家排好队，我一定让大家快速入场。”琪琪又说：“冒险岛还有好几项游戏呢，比如开心爬爬虫、欢乐跳跳虎，大家可以体验不同的游戏区，一张票都能玩，如果快点入园，大家就能都玩一遍。”小游客抬头看到别人在蹦床上跳得特别开心，也和其他小游客说，让大家都排好队。琪琪看到队伍排好了，说：“我赶快为大家检票！”就这样，在琪琪的引导和耐心解释劝说下，所有小游客都排好了队，并迅速玩上了游戏。分析：

1. 幼儿面对这样的状况，不会解决，导致发生争执。

2. 活动时，通过表达自己的初心，让顾客理解其职责。

3. 活动时，通过引导去其他区域，改变顾客的想法。

措施：

1. 及时与幼儿沟通，让幼儿明白游戏中的语言艺术，灵活运用思维解决问题。

2. 培养幼儿的礼貌习惯，当游客明显不愿意时，可以用其他方法解决工作中遇到的问题。

（北京市通州区教工幼儿园　姚佳彤）

和美小镇水吧实践案例

一、小镇商铺架构

（一）商铺名称

和美水吧

（二）经营内容

售卖主题饮品

（三）目标

1. 初步有角色意识，明确自己在游戏中的职责。
2. 乐于与同伴交流，丰富游戏情节，进一步加深对游戏规则的理解。
3. 在游戏中喜欢与同伴交往，结合经验尝试独立解决问题。
4. 愿意参与畅游日活动，并能感受到微社会实践活动的快乐。

（四）材料准备（图片）

1. 场地要求：场地图片

2. 所需材料

角色材料	引导员	等号牌、笔、顾客评价单
	售货员	饮品价格单、主推饮品宣传单、小食
	收银员	零钱、购买饮品卡、饮品订单
	饮品制作员	围裙、套袖、饮品桶、一次性水杯、饮品订单
	服务员	桌牌、桌布、购买饮品图、主推饮品宣传单、托盘
操作材料（多指顾客操作）	饮品价格单	为顾客介绍饮品的种类和价格
	购买饮品卡	顾客与服务员核实购买的饮品
	顾客评价单	顾客结合活动体验，评价工作人员的服务

（五）商铺职位（基础配置）

岗位	人数	适合年龄	工作内容	和美币
引导员	1 人	4~5 岁	1. 接待顾客，为顾客排号 2. 引导顾客到收银台 3. 宣传主推饮品 4. 请顾客为活动体验做评价（评价单）	2
售货员	1 人	5~6 岁	1. 介绍售卖的饮品，将饮品卡给顾客 2. 小食装盘、打包	2

续表

岗位	人数	适合年龄	工作内容	和美币
收银员	1 人	5~6 岁	1. 收钱、找钱 2. 确认顾客饮品卡后，将饮品订单转交给饮品制作员	2
饮品制作员	2 人	3~5 岁	1. 按顾客的选择制作饮品 2. 跟服务员交接饮品和订单	2
服务员	2 人	4~6 岁	1. 对应订单和桌牌给顾客送饮品，向顾客收回饮品卡 2. 解决顾客在就餐中遇到的问题	2

商铺人员关系图：

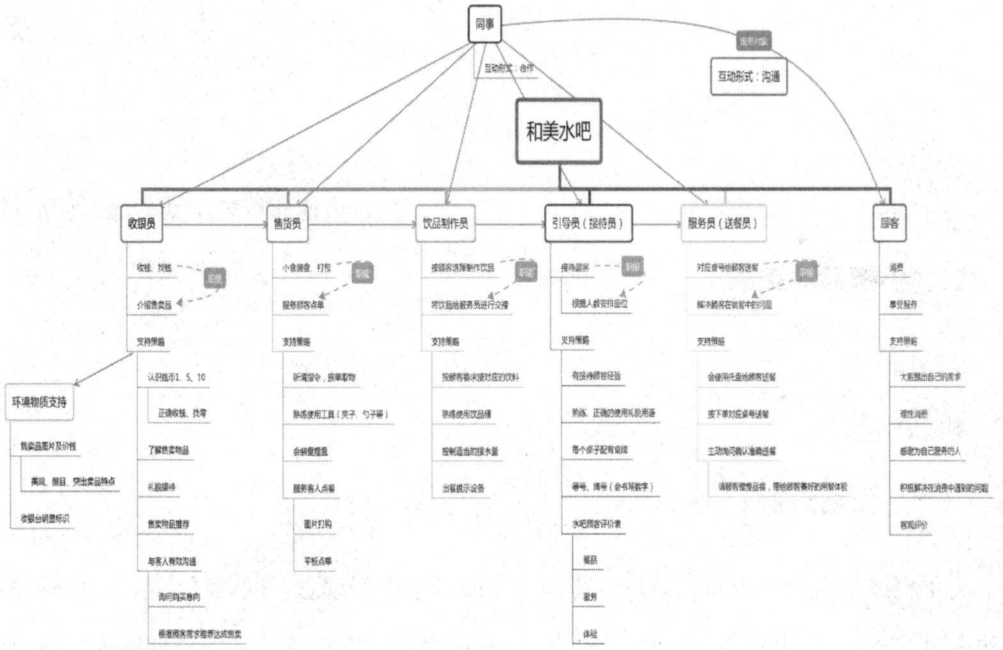

顾客体验流程图：

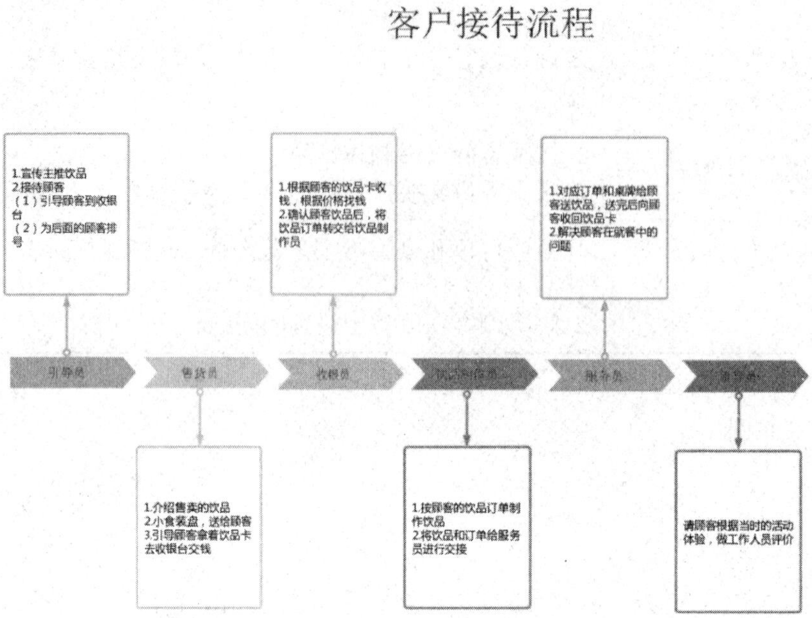
客户接待流程
1.宣传主推饮品
2.接待顾客
（1）引导顾客到收银台
（2）为后面的顾客排号
1.根据顾客的饮品卡收钱，根据价格找钱
2.确认顾客饮品后，将饮品订单转交给饮品制作员
1.对应订单和桌牌给顾客送饮品，送完后向顾客收回饮品卡
2.解决顾客在就餐中的问题
引导员
售货员
收银员
1.介绍售卖的饮品
2.小食装盘，送给顾客
3.引导顾客拿着饮品卡去收银台交钱
1.按顾客的饮品订单制作饮品
2.将饮品和订单给服务员进行交接
请顾客根据当时的活动体验，做工作人员评价

（北京市通州区教工幼儿园　张欣欣）

二、小镇活动组织

招聘周：

招聘方案：

（一）活动主旨

为了更好地落实《指南》精神，建构幼儿园园本课程理念，同时结合本月小镇畅游日活动主题，开展“开业季”的活动，让幼儿在招聘、参与、宣传等活动中充分感受活动内容。

（二）活动目标

1. 愿意参与小镇畅游日活动，能感受到微社会实践活动的乐趣。

2. 在活动中了解和美水吧的特点，能够按照角色与顾客互动。

（三）活动时间、地点

1. 时间：9 月第一周上午 9:00—11:00
2. 地点：幼儿园和美小镇水吧

（四）活动安排

阶段	内容	负责人
成立招聘组	1. 制作招聘海报，发布招聘信息 2. 成立招聘组 3. 进行考官培训	高静琦
招聘宣传	1. 成立招聘宣传组 2. 进行岗位招聘信息宣传	张欣欣
现场招聘	1. 整理场地 2. 考官现场招聘	王雨桐
发放聘书	1. 制作聘书 2. 与和美邮局沟通聘书送达位置	高静琦

附：招聘打分表

引导员应聘登记表

姓名：　　　　　　　　班级：

分数 标准	1	2	3
微笑服务			
敢于沟通			
会排号			
总分			

售货员应聘登记表

姓名：　　　　　　　　　　　　班级：

分数 标准	1	2	3
微笑服务			
敢于沟通			
了解商品			
总分			

收银员应聘登记表

姓名：　　　　　　　　　　　　班级：

分数 标准	1	2	3
微笑服务			
敢于沟通			
认识钱币			
总分			

饮品制作员应聘登记表

姓名：　　　　　　　　　　　　班级：

分数 标准	1	2	3
了解饮品作用			
会制作饮品			
乐于沟通			
总分			

服务员应聘登记表

姓名：　　　　　　　　　　　　班级：

分数 标准	1	2	3
微笑服务			
敢于沟通			
一一对应			
解决问题			
总分			

招聘证书如下图：

和美小镇聘书
______小朋友
恭喜你，成功应聘上_____商铺的_____岗位。
教工幼儿园和美小镇
年　月

岗位	人数	适合年龄	工作内容	和美币
引导员	1人	4~5岁	1. 接待顾客，为顾客排号 2. 引导顾客到收银台 3. 宣传主推饮品 4. 请顾客为活动体验做评价（评价单）	2
售货员	1人	5~6岁	1. 介绍售卖的饮品，将饮品卡给顾客 2. 小食装盘、打包	2
收银员	1人	5~6岁	1. 收钱、找钱 2. 确认顾客饮品卡后，将饮品订单转交给饮品制作员	2
饮品制作员	1人	3~5岁	1. 按顾客的选择制作饮品 2. 跟服务员交接饮品和订单	2
服务员	1人	4~6岁	1. 对应订单和桌牌给顾客送饮品，向顾客收回饮品卡 2. 解决顾客在就餐中遇到的问题	2

（北京市通州区教工幼儿园　张欣欣）

招聘案例一：

招聘活动开始了，面试官崔珈宁正在面试服务员，一个幼儿拿着简历来到她面前。崔珈宁说："你好！你可以开始了。"幼儿回答："你好，我叫王一菡，今年5岁了。"崔珈宁问："嗯，你好，还有吗？"幼儿没有回答，沉默了一会儿，准备离开。崔珈宁说："等一下，你介绍完了吗？"幼儿点点头，转身离开了。

分析：

当面试官崔珈宁说"你好！你可以开始了"的时候，幼儿理解成只要介绍自己的姓名和年龄就可以了。

1. 面试官在请幼儿介绍时，没有清楚表达出需要介绍的内容，导致面试者没有理解表达的意思。

2. 面试官没有将面试内容告知应聘者，最后导致应聘者走掉。

3. 师幼共同梳理面试官的职责以及面试内容，使其清楚地知道面试流程。

4. 面试官利用流程图、面试材料、记录表等辅助材料与应聘者进行沟通。

（北京市通州区教工幼儿园　张欣欣）

招聘案例二：

李亚潼是和美水吧的应聘者，面试官问她："如果水吧生意很清冷，你该怎么办？"她说："我会和他们说水吧的饮品很好喝。"面试官说："如果还是没人来怎么办？"听到这个问题，李亚潼的情绪很低落。于是我走到她身旁，安慰她并与她商讨："你们觉得为什么和美超市那边的小朋友那么多呢？"李亚潼想了想，说："他们那边有音乐，很热闹！"我继续引导着往下说："那看来小朋友们都比较喜欢热闹的地方。"这时候亚潼眼神一亮："那我们这边热闹起来就有小朋友啦！"李亚潼开心地回答了面试官的问题。

回到班级后，我将发生的情况第一时间与大家分享，表扬和鼓励了李亚潼小朋友，同时再次抛出问题："如果在往后的小镇活动中，你担任工作人员，如果遇到困难，你是不处理还是应该试图去解决呢？"

分析：

中班幼儿的自主能力比小班时期有了明显提升，有了自己的想法与情绪。当面试官提出问题后，李亚潼因为比较在意应聘是否能成功，一紧张不知道该怎么回答面试官的问题了，但经过老师的指引，李亚潼也想出了解决办法，这证明李亚潼有一定的自我思考能力，非常符合中班幼儿的特点。

措施：

1. 鼓励李亚潼遇到事情要冷静思考，动脑筋想办法。

2. 当出现情况时，第一时间安抚幼儿的情绪，使她明白发现方法有问题时要冷静处理。

3. 师幼再次共同讨论。解决困难的核心主角是需要调整自己，同时预设新问题的出现，想办法继续解决。

（北京市通州区教工幼儿园　王雨桐）

培训周：

培训方案：

（一）活动主旨

为了更好地落实《指南》精神，建构幼儿园园本课程理念，同时结合本月小镇畅游日活动主题，开展“开业季”的活动，让幼儿在招聘、参与、宣传等活动中充分感受活动内容。

（二）活动目标

1. 愿意参与小镇畅游日活动，能感受到微社会实践活动的乐趣。

2. 在活动中了解和美水吧的特点，能够按照角色与顾客互动。

3. 能够利用多种途径了解工作人员的工作内容，并按照要求上岗。

（三）活动时间、地点

1. 时间：9 月第二周每天上午 9:00—11:00

2. 地点：幼儿园和美小镇水吧

（四）活动安排

阶段	内容	负责人
成立培训组	1. 成立培训组 2. 商讨培训内容	张欣欣
培训	1. 根据岗位进行培训 2. 实操演习	王雨桐
发放培训通过证书	1. 培训考核 2. 发放培训通过证书	高静琦

（北京市通州区教工幼儿园　张欣欣）

培训中生成的集体教育活动：

活动名称：认识游戏币

活动目标：

1. 知道游戏币的特征和面值。

2. 了解游戏币之间的换算关系。

活动重点：知道游戏币的特征和面值。

活动难点：了解游戏币之间的换算关系。

活动准备：

经验准备：幼儿对面值 1 元、5 元、10 元的游戏币有初步的认识。

物质准备：1 元、5 元、10 元的游戏币，教学 PPt，多米诺骨牌若干，游戏币，星星若干。

活动过程：

一、谈话引入活动，激发幼儿的学习兴趣

提问："恭喜你们成为和美水吧的收银员，那收银员都需要做什么事情呢？"

二、回顾收银员职责，了解认识游戏币的重要性

提问："收银员主要操作游戏币，如果收错游戏币会怎么样？给顾客找钱时找错了顾客会怎么样？你认识游戏币吗？"

三、知道游戏币的特征和面值，初步了解游戏币之间的换算关系

1. 提问："这是几元游戏币？你怎么知道的？你观察到了什么？它有什么特征？"

2. 提问："也就是说游戏币也可以用数字来代表，那数字 1 可以用几个多米诺骨牌代替？那 5 元和 10 元呢？"

3. 提问："假如买一杯酸梅汁需要 2 元钱，顾客需要怎么付钱呢？如果顾客只有 5 元钱，你要怎么找钱？你可以用多米诺骨牌算一算。如果顾客给你 10 元钱，你要怎么找钱？"

4. 提问："假如顾客现在有 5 元钱，他想买两杯酸梅汁，你怎么找钱？"

四、模拟情景游戏

一组是顾客，一组是收银员，剩余的是小裁判。你们可以根据手里现在的游戏币和饮品价格单进行游戏，裁判观察收银员收钱是否正确，如果正确加 1 颗星星，游戏开始。

（北京市通州区教工幼儿园　王雨桐）

活动名称：自制饮料

活动目标：

1. 在尝试自制饮料的过程中对有解现象产生兴趣。

2. 记录操作结果，发现饮料味道的浓淡与原料及水的多少的关系。

活动形式：集体活动与分组活动相结合。

活动准备

经验准备：幼儿能用“浓、淡、香、苦”等词来形容饮料的口味。

物质准备：温水壶、小盆、小勺、搅拌棒、果珍粉等若干。

活动过程：

一、品尝饮料，产生制作兴趣

1. 出示自制饮料，请幼儿品尝。

2. 引导幼儿讨论饮料的制作方法。

3. 根据幼儿的交流情况演示自制饮料的过程。

二、自制饮料，探索在水量不变的情况下饮料味道的浓淡与原料多少的关系

1. 介绍每一制作区的材料，引导幼儿发现杯中的水是一样多的。

2. 鼓励幼儿制作自己喜欢的饮料，并记录放了几勺原料。

3. 重点观察幼儿的制作过程。

4. 组织幼儿与同一制作区的伙伴互相品尝自制的饮料，并交流自己的想法。

5. 引导幼儿发现在水量不变的情况下加入的原料越多，味道就越浓；加入的原料越少，味道就越淡。

三、制作适合自己口味的饮料

1. 引导幼儿制作适合自己口味的饮料，启发幼儿思考如何让饮料的味道变得好一些。

2. 观察幼儿制作饮料的过程，鼓励幼儿大胆创新。

3. 组织幼儿交流自己的办法，进一步引导幼儿发现饮料味道的浓淡与水的多少有关。

活动延伸：请幼儿回家为爷爷奶奶、爸爸妈妈制作一杯饮料。

（北京市通州区教工幼儿园　王雨桐）

活动名称：挣钱乐

活动目标：

1. 了解钱的各种来源渠道，知道钱的来之不易。

2. 学会合理用钱，要用之有度。

活动准备：

经验准备：幼儿知道用钱可以购买物品。

物质准备：请家长配合为每个孩子带两元钱参加活动。

活动过程：

1. 请幼儿说说附近的超市有哪些，然后让幼儿互相比较，选择一个离幼儿园最近的

超市。

2. 请幼儿讨论钱是如何来的，帮助幼儿了解钱的来之不易，要懂得节约用钱。

3. 出发前，与幼儿讨论到超市购物时应该注意的礼貌问题和安全事项。

4. 幼儿在超市购物时，教师可以在一旁观察，并协助幼儿。教师要指导幼儿了解自己的钱是有限的，要购买自己必需的东西，不能浪费金钱。

5. 回到幼儿园后，请幼儿分享购物的情况；并请每个幼儿说说自己购买的是什么东西，为什么买这个东西，它对自己有什么用处。

6. 请幼儿互相分享到超市购物的经验。

延伸活动：让幼儿在星期天由爸爸或妈妈带着到超市去，再次体验购物的快乐。

（北京市通州区教工幼儿园　张欣欣）

区域活动：美工区

目标：喜欢运用多种艺术形式为和美水吧布置有关北京的主题环境

在培训周中，幼儿通过搜集资料，寻找了北京元素。幼儿在美工区活动，和其他小朋友一起运用绘画、彩泥、制作等多种方式和不同材料，制作带有北京元素的主题作品，并将作品布置到和美水吧里。

家长资源：家园共育

带领幼儿参观生活中的水吧或奶茶店等，在实践过程中，观察服务人员与顾客之间的交往，丰富游戏情节，让幼儿用绘画的方式记录观察所得，返园后与同伴分享。

（北京市通州区教工幼儿园　张欣欣）

培训案例一：

收银员王一琪在角色区通过实践进行培训时，能很快且准确地为顾客找零钱，但是最后顾客的评价单上对她的评价不是很高，她在区域小结时和大家分享了自己的困惑。顾客杨杰萌说："因为我觉得她没对我微笑。"顾客刘沐辰说："因为她有一些高冷，都不说话。"

通过顾客的反馈，收银员王一琪小朋友想起了当时的应聘要求，明白了自己评分低的原因，第二次活动时她及时调整了服务态度，获得了顾客们的满星评价，她因此体验到了成功的喜悦。

（北京市通州区教工幼儿园　张欣欣）

培训案例二：

在培训周中，师幼共同通过网络、图书等方式搜集资料，了解了中国软饮料行业的历史变迁，幼儿由此感受到祖国的强大，同时也产生了制作老北京传统酸梅汤的愿望。在科学区我们对酸梅汤里梅子、冰糖、水的比例进行了多次实验，充分调动了幼儿主动学习的积极性，使幼儿真正成为活动的小主人。

（北京市通州区教工幼儿园　张欣欣）

和美水吧培训说明

培训内容	形式	实现目标定位	资源利用	备注
引导员	1. 大胆与顾客沟通，运用多种方式宣传饮品 2. 能根据自己的经验，为排号的顾客解决问题 3. 能运用礼貌用语与顾客沟通，使顾客愿意为当天的活动体验做评价	社会岗位 视频观看		
售货员	1. 了解饮品的味道和功效，梳理吸引顾客购买饮品的方法 2. 会根据不同顾客的需求，推荐饮品 3. 了解饮品卡的作用，并能将其作用大胆讲述给顾客 4. 探索多种打包方法	社会岗位 视频观看 现场模拟		
收银员	1. 知道游戏币的特征和面值 2. 了解游戏币之间的换算关系 3. 了解饮品卡的作用，根据饮品卡制作饮品订单，并将饮品订单转交给饮品制作员	社会岗位 视频观看 现场模拟		
饮品制作员	1. 了解饮品的味道和功效，能够按顾客选择制作饮品 2. 能结合节日节气、不同主题以及顾客的需求大胆创造新饮品 3. 发现饮品材料和水比例不同，会导致饮品的味道不同 4. 愿意与服务员合作完成订单	社会岗位 视频观看 现场模拟		
服务员	1. 能对应订单和桌牌给顾客送饮品 2. 明确自己在游戏中的职责，熟悉活动过程 3. 能够运用已有经验，解决顾客在就餐中遇到的问题，提高其解决问题的能力	社会岗位 视频观看 现场模拟		

（北京市通州区教工幼儿园　张欣欣）

宣传周：

宣传方案：

（一）活动主旨

为了更好地落实《指南》精神，建构幼儿园园本课程理念，同时结合本月小镇畅游日活动主题，开展“开业季”的活动，让幼儿在招聘、参与、宣传等活动中充分感受活动内容。

（二）活动目标

1. 愿意参与小镇畅游日活动，能感受微社会实践活动的乐趣。

2. 在活动中了解和美水吧的特点，能够按照角色与顾客互动。

3. 能够利用多种途径了解工作人员的工作内容，并按照要求上岗。

（三）活动时间、地点

1. 时间：9 月第三周每天上午 9:00—11:00

2. 地点：幼儿园和美小镇水吧

（四）活动安排

阶段	内容	负责人
成立宣传组	1. 成立宣传组 2. 制作宣传海报 3. 思考宣传方式	高静琦
宣传	多种方式进行宣传（与商铺进行对接，帮助宣传商铺内容）	张欣欣 王雨桐

（北京市通州区教工幼儿园　高静琦）

畅游日：

案例一：

夏月明是这次和美水吧的服务员，负责在顾客高峰期时照顾整体顾客并巡视他们的需求。一位顾客在购买花果茶后，由她引导寻找空闲的区域饮茶。顾客尝了一口把她叫了过来说：“我觉得这个茶有点热。”夏月明说：“那你先放桌子上晾一会儿。”顾客接着说：“我还得赶紧逛小镇呢。”夏月明想了想，从吧台拿来一个空杯，帮助顾客来回倒水，用这种方法给水降温，解决了顾客的问题。

分析：

夏月明想到的解决方法肯定是来源于生活中的所见所闻，体现了小班幼儿爱模仿的年龄特点，并将其生活经验运用到解决问题中。

措施：

1. 日常鼓励幼儿观察生活中的活动，增长生活经验。

2. 尝试利用生活经验进行迁移，开展相关教育活动。

3. 当出现问题时，给予幼儿思考的时间，尝试寻求解决问题的办法。教师退后，必要时再介入。

（北京市通州区教工幼儿园　张欣欣）

案例二：

今天和美水吧的顾客特别多，很多顾客都在跟服务员说自己想点的饮料，孔凡宸小朋友也一样。他对服务人员说：“我想喝酸梅汤。”同时，刘延澍、张安晴、刘宇喆小朋友也点了不同的饮料。服务人员接过游戏币之后，快速将饮料放到了大家的桌子上。这个时候孔凡宸小朋友对我说：“我这个不是酸梅汤，我想喝酸梅汤。”我连忙说：“需要我帮你叫服务员吗？”他没有回答我，只是皱着眉头。我问他：“怎么了？”他说：“我生气了。”这时服务人员正好过来了，我叫住服务员，连忙说：“服务员，这位顾客有些不开心。”服务员问：“你好，你怎么了？不舒服吗？”孔凡宸气哼哼地扭过头。服务员又问了一句：“你是生气了吗？为什么生气啊？”孔凡宸还是不理不睬。我对他说：“宝贝，你要把不开心的原因告诉别人，别人才能帮助你啊，要不我帮你说？”他看看我，又点点头。我把情况告诉了服务人员，服务员道了歉，重新换了一杯酸梅汤，这时孔凡宸终于开心地笑了。

回到班级后，在小结活动时，我抛出问题：“当自己很生气时，我们可以怎么做？如果不表达别人是不能理解你的想法，就解决不了问题了。”

分析：

小班幼儿情绪变化大，当发生不顺心的事情时，先外显的可能就是情绪变化，孔凡宸就是如此，他在生气的时候已经不想表达自己的需求和想法了。

措施：

1. 鼓励孔凡宸表达自己的想法及需求。

2. 经孔凡宸允许之后，帮助他表达自己的需求和想法。

3. 活动小结时，师幼再次共同讨论“情绪”问题，鼓励幼儿想办法解决。

（北京市通州区教工幼儿园　王雨桐）

案例三：

刘宇喆游客把“现金”花完后，想去和美银行取钱，刚到银行门口，看到工作人员，他马上就出来了。刚走两步，又慢慢走回银行，就这样反复两回，当他第三次出现在银行门口，工作人员主动询问：“你好！你有存折吗？”刘宇喆没有说话，从书包里拿出自己的存折。工作人员又问：“你存钱还是取钱？”刘宇喆双手揉搓书包，双脚左右交替，语言缓慢地说：“取钱。”工作人员问：“取多少钱？”刘宇喆牙咬嘴唇，左手揉搓书包，右手迅速伸出两根手指说：“两块。”，说完后迅速把右手收了回来。工作人员翻开存折查看信息，这时刘宇喆双手快速揉搓书包，双脚交替晃动，两腿上下抖动。工作人员抬头看看他微笑说：“你存折里只有两块，你就是要取出两块吗？”刘宇喆上牙咬唇，右手掏书包，眼睛看向别处，默默点了点头。工作人员拿着存折，到取号机帮他取号，刘宇喆的腿刚迈向工作人员一步，又迅速收了回来。工作人员转身去柜台帮他取钱，刘宇喆站在原地，左右踱步，双腿上下抖动，双手扯着自己的上衣，皱着眉头，缩着腮帮，不时向工作人员那里张望。

等了一分钟，工作人员将两块钱交到刘宇喆手中，刘宇喆接过钱，迅速转身，左手拿着一块钱，右手拿着一块钱，两手不由得摇晃着。刚到银行门口，工作人员叫住他，把存折还给了他，刘宇喆接过存折，大步迈出银行，开心地拿着两块钱呼唤自己的朋友。

分析：

面对陌生的“工作人员”与新环境，刘宇喆表现得紧张、胆怯。

1. 新环境不适应：对于自身来说，不熟悉在银行取钱的流程。

2. 陌生人不适应：心里有顾虑，面对不熟悉的人不愿意表达。

中班的幼儿基本适应了幼儿园生活，但是在面对完全陌生的新环境时，还是会产生抵触情绪和不适应。例如，面对陌生人（新的老师或陌生的叔叔阿姨），不会主动上前交流；但是如果陌生人主动和幼儿交流，幼儿会进行简短的回答，就如今天刘宇喆的状态。

措施：

1. 为幼儿提供体验生活的机会

为幼儿创设更多体验真实生活的机会，以促进幼儿社会适应能力的发展。让幼儿在游戏中扮演各种社会角色，体验不同角色的责任。幼儿还可以将自己的恐惧与不安，通过游戏的方式宣泄出来，以此提高社会适应能力。

2. 提高幼儿的社会交往能力

通过多种活动丰富幼儿的交往认知，同时通过模仿、同化、体验等方式提高幼儿的交往技能，以此支撑幼儿与他人进行友好交往。

（北京市通州区教工幼儿园　王雨桐）

案例四：

今天导游带领游客们逛小镇时，发现游客陈泓旭不见了。大家都很着急，我和导游本来想去服务中心广播一下，没想到一出主楼就看见陈泓旭正坐在和美水吧里发呆。我和导游邀请他回到队里，我们即时进行商讨："怎样才能不走丢？"吴雨桐说："眼睛要一直看着老师，看前面。"夏月明说："别东瞧瞧西看看。"胡孟熙说："可以让小朋友拉着你。"我微笑点头："你们的方法都很不错，一会儿咱们来试试吧。"胡孟熙小朋友主动用手拉住陈泓旭，一直告诉他："你要一直跟着我啊。"在套圈时，胡孟熙出神地听着导游讲解，听完后一时之间找不到陈泓旭了，她焦急地找到我："老师，我刚刚没注意，找不到陈泓旭了……"我连忙安慰她："没关系，没关系！他在那里！他现在知道跟队走，而且我也有关注到他，你放心吧！"听到我的话之后，胡孟熙才安心地点了点头。

回到班级后，我将发生的情况第一时间与大家分享，安慰和鼓励了胡孟熙小朋友，同时再次抛出问题："除了可以依靠别人，我们自己需要注意什么呢？""如果真的走丢了，我们要怎样联系到老师呢？"

分析：

胡孟熙想到的解决方法是拉住对方，她把看住"陈泓旭"视为自己的任务，十分紧张。刚开始，她小心翼翼地拉着他，生怕他又走丢，但由于小班幼儿的注意力容易受外界因素吸引，导致后期她忘记拉着陈泓旭了，发现拉住对方这个方法可能还存在一些问题。

措施：

1. 鼓励胡孟熙大胆尝试"拉住对方"的方法，体验被认可的成功感，激发幼儿动脑筋想方法的兴趣。

2. 当出现情况时，第一时间安抚胡孟熙的情绪，使她明白发现方法有问题时，要冷静处理。

3. 师幼再次共同讨论。"走丢"问题的核心主角需要调整自己的问题，同时预设可能出现的新问题，想办法解决。

（北京市通州区教工幼儿园　张欣欣）